AF423964

DECLARACIÓN Y REIVINDICACIÓN DE LA DOCTRINA DE LA TRINIDAD

JOHN GILL

DECLARACIÓN Y
REIVINDICACIÓN
DE LA DOCTRINA DE
LA TRINIDAD

JOHN GILL

Serie

TRATADOS TEOLÓGICOS

Título original: *The Doctrine of the Trinity, Stated and Vindicated. Being the Substance of several Discourses on that important subject; Reduc'd into the form of a Treatise.*
Autor: John Gill, 1731.

© Traducido y publicado en español por Editorial Legado Bautista Confesional, Santo Domingo, Ecuador, 2024.
 Traducción íntegra al español por Jorge A. Rodríguez Vega y Alaín J. Torres Hernández.
 Revisión (inglés-español) por Alaín J. Torres Hernández.
 Lectura de prueba por Luis J. Torrealba.
 Diseño de Portada por Manuel Intriago y Jorge A. Rodríguez Vega.

Versión Tapa Blanda.
ISBN: 978-9942-605-36-8
Clasificación Decimal Dewey: 231
Cristianismo. Teología cristiana. Dios.
Impreso en Colombia.

ÍNDICE DE CONTENIDO

PRÓLOGO A ESTA TRADUCCIÓN AL ESPAÑOL

Una de las preguntas más frecuentes sobre el confesionalismo es si para la Iglesia cristiana de hoy es suficiente subscribirse a los credos y confesiones históricos o si todavía hay batallas por pelear que nos lleven a seguir entendiendo y defendiendo la fe que recibimos una vez para siempre. Creo que la respuesta es una doble afirmación. Afirmamos la necesidad de subscribirnos a los credos y confesiones históricos, pues la verdad no es nueva y la obra iluminadora del bendito Espíritu Santo ha estado con la Iglesia desde el principio; pero afirmamos también que vivimos en una batalla presente que exige una renovada afirmación de las antiguas verdades de la Palabra de Dios. Esa es la esencia de esta excelente obra de John Gill, un tratado que abraza fuertemente el trinitarismo ortodoxo con una renovada defensa exegética y teológica, apropiada para la necesidad de sus días.

El mundo en el que John Gill desarrolló su ministerio estaba envuelto en dos realidades que marcaron la vida de la Iglesia y de la fe. Por un lado, el racionalismo había ganado un importante terreno en Europa en detrimento del cristianismo histórico, pues, aunque en Inglaterra no llegó a convertir la fe en ateísmo como en Francia,[1] sí causó una herida profunda en la doctrina de la Trinidad que provocó

---

[1] Himmelfarb, Getrude, *The Roads to Modernity: The British, French, and American Enlightenments* {trad. no oficial: *Los caminos hacia la modernidad: La Ilustración británica, francesa y estadounidense*} (Essex, Inglaterra: Vintage Books, 2005).

que muchas iglesias abrazaran el unitarismo. Por otro lado, la presión que ejercía el Estado sobre la fe imponiéndose sobre la consciencia de los creyentes suscitó un rechazo hacia las confesiones y credos históricos, lo que hizo que las iglesias dejaran de exigir que los pastores y los miembros se subscribieran a una confesión de fe en particular porque así trataban de proteger la libertad cristiana de cada cual.[2] Por tanto, la doctrina de la Trinidad se convirtió en el centro de una gran controversia entre la libertad de consciencia y la ortodoxia cristiana. Esta controversia se llegó a materializar en lo que se conoció como la controversia del Salters Hall.[3]

A principios de 1719, más de 100 ministros disidentes se reunieron en el Salters Hall en Londres para determinar qué se debía aconsejar a algunas iglesias presbiterianas en Exeter preocupadas porque algunos de sus ministros estaban sosteniendo opiniones heterodoxas sobre la doctrina de la Trinidad. Sin embargo, en esta reunión no se encontró unanimidad de criterios, pues no se trataba solo del uso de confesiones de fe, sino también «si se debía o no exigir a los ministros que suscribieran palabras y frases extrabíblicas que delinearan la doctrina de la Trinidad, particularmente cuando la

---

[2] Joseph Ivimey, *A History of the English Baptists: Comprising the Principal Events of the History of Protestant Dissenters, From the Revolution in 1668 Till 1760; and of the London Baptist Churches During that Period* {trad. no oficial: *Historia de los bautistas ingleses: Los principales acontecimientos de la historia de los disidentes protestantes (desde la Revolución de 1668 hasta 1760) y de las iglesias bautistas en Londres durante ese período*} (Londres: B. J. Holdsworth, 1823), 3:160-171.

[3] Para encontrar más información sobre la controversia del Salters Hall, véanse Stephen L. Copson, *Trinity, Creed and Confusion: The Salters' Hall Debate of 1719* {trad. no oficial: *Trinidad, credo y confusión: El debate del Salters' Hall de 1719*} (Oxford, Inglaterra: Centre for Baptist Studies in Oxford, 2020); y Jesse F. Owens, «The Salters' Hall Controversy of 1719» {trad. no oficial: *La controversia del Salters' Hall de 1719*} (Tesis doctoral, The Southern Baptist Theological Seminary, 2021). Disponible gratuitamente en: <https://repository.sbts.edu/handle/10392/6586>. Consultado el 22 de abril de 2024.

ortodoxia de un ministro pudiera estar en duda».[4] Después de debatirlo en algunas asambleas, finalmente 73 de los ministros se opusieron a exigir la suscripción confesional a los tales, a ellos se les conoció como *los no subscriptores*; y 78 ministros estuvieron a favor de este requisito y de hacer esta recomendación para los ministros, a ellos se les llamó *los subscriptores*.[5]

La esencia de esta controversia es mucho más compleja que simplemente hacer dos categorías, una con aquellos que estuvieron a favor de la subscripción confesional y otra con aquellos que no, simplificando así la controversia con la conclusión de que los que no estaban a favor de la subscripción era porque tenían tendencias heterodoxas. La evidencia histórica nos muestra que la gran mayoría de «los no subscriptores» abrazaban la doctrina ortodoxa de la Trinidad, y que eso era reconocido aún por aquellos que estaban a favor de la subscripción confesional.[6] El verdadero problema giraba en torno a la preocupación creciente por defender la libertad cristiana. No obstante, la ausencia de subscripción confesional trajo

---

[4] Jesse F. Owens, «The Salters' Hall Controversy: Heresy, Subscription, or Both?» {trad. no oficial: «La controversia del Salters' Hall: ¿Herejía, suscripción o ambas?»}, *Perichoresis* {trad. no oficial: *Revista «Pericóresis»*}, Volumen 20.1 (2022): 35-52.

[5] «Salters' Hall 1719 and the Baptist» {trad. no oficial: «Salters' Hall (1719) y los bautistas»}, *Transactions of the Baptist Historical Society* {trad. no oficial: *Registros de la Baptist Historical Society*} 5.3 (abril, 1917): 172-189.

[6] Véase la evaluación hecha por Edward Wallin, uno de los firmantes a favor de la subscripción confesional en la controversia del Salters Hall, citada por Owens en Jesse F. Owens, «The Salters' Hall Controversy of 1719» (Tesis doctoral, The Southern Baptist Theological Seminary, 2021), 65: «… me atrevo a decir que la mayor parte de ambos bandos no tenían la intención de hacer daño a sus hermanos discrepantes; y que fue el celo por la doctrina de la Trinidad y la divinidad real de nuestro Salvador lo que hizo que algunos suscribieran los artículos, y no el deseo de imponerlos a otros; y que aquellos que rechazaron la suscripción lo hicieron con el propósito de defender la libertad cristiana, no para alentar ni promover el arrianismo».

como consecuencia un alejamiento real en muchas iglesias en lo tocante a la doctrina ortodoxa de la Trinidad.

Este tratado que tienes en tus manos fue publicado en 1731, solo unos pocos años después de esta controversia. John Gill vivió en su ministerio las consecuencias de esta tensión entre libertad y ortodoxia y tomó el desafío de defender la doctrina de la Trinidad con valentía.

En esta obra se hacen evidentes tres facetas distintivas de John Gill: Su erudición exegética, su genialidad teológica y su solidez confesional. Con respecto a su exégesis, es sumamente clara la erudición de Gill en lo tocante a su conocimiento del idioma hebreo y de los comentarios rabínicos del Antiguo Testamento. Además, la exégesis que usa pone de manifiesto la herencia de los principios de interpretación de la teología clásica y reformada. Las pruebas bíblicas que presenta son intencionalmente extensas para que el lector sea convencido por la Palabra de que la doctrina de la Trinidad se basa completamente en la revelación de Dios. Esa es una de las características que embellece las obras de Gill.

Con respecto a su argumentación teológica, es evidente que Gill entendía que esta doctrina estaba en el corazón mismo de la fe cristiana y enfatiza la doctrina de la generación eterna del Hijo como algo central en la doctrina de la Trinidad. Como algunos han observado, en este tratado Gill hace la función de un «puente» que nos conecta con la argumentación teológica de los Padres de la Iglesia y, al mismo tiempo, busca responder a las objeciones típicas de la época racionalista en la que vivió.

Con respecto a su fundamento confesional, Gill no se avergüenza de sostener con vehemencia la doctrina nicena de la Trinidad, y lo hace argumentando principios de la teología clásica como «las eternas relaciones de orden» o «los modos de subsistencia» en Dios. Aunque Gill es sumamente cuidadoso con el lenguaje que utiliza, no deja de confesar los misterios que la Palabra enseña y que la Iglesia ha creído y defendido desde el principio. Hablando de la influencia de Gill y el método que usó para defender la doctrina de la Trinidad, el Dr. Richard A. Muller dice:

> Entre los escritores británicos de la época ortodoxa tardía, el bautista particular John Gill destaca como defensor de la doctrina de la Trinidad como «doctrina de pura revelación» dejando de lado todo lo que no sea argumentación bíblica y la forma en la que lo entendieron los Padres de la Iglesia.[7]

El esfuerzo por defender esta doctrina hizo que la influencia de Gill sobre las iglesias bautistas fuera santificadora y, en un sentido, una protección contra los peligros que otras denominaciones o grupos de iglesias sí padecieron por no tener el cerco de una fe confesional e histórica. Michael Haykin observa lo siguiente:

> Algunas comunidades cristianas, como los presbiterianos ingleses, sucumbieron en gran medida a este ataque contra la Trinidad, pero no así los bautistas particulares, y eso en gran parte gracias a John Gill. Este teólogo bautista se mantuvo firme en la doctrina de la Trinidad que se había forjado en el siglo IV y codificado en lo que se llamó *El Credo de Nicea*. Este credo declaraba que Cristo era plenamente Dios, ya que compartía plenamente el ser de Dios y todos Sus atributos divinos. El Espíritu también era plenamente divino, pues era adorado y glorificado junto con el Padre y el Hijo. La mayoría de los pastores bautistas poseían las obras escritas de Gill, que incluían un poderoso estudio sobre la Trinidad. Al defender firmemente esta doctrina vital, Gill contribuyó a que sus contemporáneos bautistas mantuvieran su ortodoxia y, por ende, tuvieran la capacidad de recibir el fuego del avivamiento más adelante en aquel siglo.[8]

---

[7] Muller, Richard A., *Post-Reformation Reformed Dogmatics* {título oficial: *Dogmática Reformada Posterior a la Reforma*}, 4 vols. (Grand Rapids, Míchigan: Baker Books, 2003), IV, p. 140. Nota de los traductores: Para traducir al español el fragmento tomado de esta fuente nos guiamos por la edición citada por el autor.

[8] Haykin, Michael, «John Gill comes to London (1719)» {trad. no oficial: «John Gill llega a Londres (1719)»}, blog del Covenant Baptist Theological Seminary. Disponible en el siguiente enlace: <https://cbtseminary.org/john-

Estas convicciones sobre la Trinidad acompañaron a Gill hasta el final de su vida. De hecho, el tiempo solo trajo mayor convicción y solidez bíblica para defenderla. En el ocaso de su vida, Gill comentó lo siguiente con respecto a su defensa de la Trinidad:

> Mi tratado sobre la Trinidad fue escrito hace casi *cuarenta años*, cuando yo era joven. Y después de tanto tiempo no tendría por qué resultarme extraño si ahora me hubiera apartado de algunas palabras y frases que entonces usaba. Pero ha sido todo lo contrario, tanto que después de haber revisado la obra no veo razón para retractarme de nada de lo que he escrito, ni en cuanto al significado ni en cuanto a las expresiones {mismas}, salvo solo en uno o dos pasajes de las Escrituras que *en aquel entonces* no me parecían tan claros como pruebas de que el Hijo de Dios es eternamente engendrado. Pero tras una consideración más madura de dichos pasajes, me inclino a pensar de otro modo y, en consecuencia, he modificado mi interpretación de estos; modificación que, como no es en modo alguno incoherente con la doctrina tal como la sostenía antes, *sirve con mayor fuerza para confirmarla*.[9]

¿Cuál fue el proceso de traducción de esta obra al español?

Esta traducción al español fue hecha teniendo como guía un facsímil de la publicación original de 1731. En el original aparece una fe de erratas en la primera página del índice de contenidos cuyas correcciones ya fueron insertadas en esta traducción. Además, hemos añadido subtítulos siguiendo la estructura y la línea de pensamiento del autor. También, con el propósito de emular la publicación original en inglés, recuperamos las viñetas que se usaron en la edición original.

Con respecto al proceso, Alaín Torres Hernández y yo tuvimos el gran honor de traducir esta obra. Luego, Alaín hizo una revisión

---

gill-comes-to-london-1719-michael-haykin/>. Consultado el 21 de abril de 2024.

[9] John Rippon, *Breves memorias de la vida y escritos de John Gill* (Santo Domingo, Ecuador: Legado Bautista Confesional, 2023), 33.

íntegra de la traducción del inglés al español. Como siempre, el pastor Taylor E. Walls se encargó de la revisión de los términos y frases latinas, griegas y hebreas, y nuestro hermano Luis J. Torrealba hizo la lectura de prueba final.

Como editorial, queremos agradecer a nuestros hermanos Paul Washer y Ryan Bush, así como a todos los directores de la Sociedad Misionera HeartCry, por apoyar de manera sacrificial y constante el proyecto John Gill. Seguimos adelante en esta meta, ¡hasta que todos los pastores conozcan y se beneficien de su legado!

Es un honor para nosotros presentar esta traducción al español del tratado *Declaración y reivindicación de la doctrina de la Trinidad* escrito por John Gill. Nuestra oración es que esta obra sea para nosotros hoy en el mundo hispanohablante lo que fue en aquellos días para nuestros hermanos bautistas particulares en Inglaterra: una herramienta eficaz para conocer más al único Dios verdadero y alabarlo en Su santísima Trinidad.

Fides autem catholica haec est: ut unum Deum in Trinitate,
et Trinitatem in unitate veneremur.[10]

Jorge A. Rodríguez Vega
Santo Domingo, Ecuador
22 de abril de 2024

---

[10] «Y la fe universal es esta: Que adoramos a un solo Dios en Trinidad, y a la Trinidad en unidad».

Prefacio:
La importancia de John Gill
y de su obra sobre la Trinidad

Michael A. G. Azad Haykin

En unos comentarios que Martyn Lloyd-Jones hizo sobre John Gill en el bicentenario de su muerte, observó que «John Gill fue un hombre muy importante en su propio siglo, y sigue siéndolo hoy».[1] Si hoy se recuerda a Gill, a menudo es en relación con lo que se denomina *hipercalvinismo* (la negación de que el evangelio deba ofrecerse libremente a todos sin excepción). Los historiadores siguen debatiendo si Gill era o no un hipercalvinista en todo el sentido del término, pero una cosa está clara, a saber, que la defensa por parte de Gill de la confesión vital de que Dios es un Ser trino desempeñó un papel vital en la preservación de la ortodoxia de su denominación bautista en el largo siglo XVIII y confirma la observación de Lloyd-Jones.

Nacido a finales de la época puritana, en 1697, los primeros años de escolarización de John Gill terminaron abruptamente en 1708 cuando el director de su escuela exigió que todos sus alumnos asistieran a la oración matutina anglicana. Los padres de Gill eran decididamente bautistas y, en consecuencia, retiraron a su hijo de la

---

[1] Harrison, Graham, *Dr. John Gill and his Teaching: Being the annual lecture of the Evangelical Library* {trad. no oficial: *El Dr. John Gill y su enseñanza: Conferencia anual de la Evangelical Library*} (Londres: The Evangelical Library, 1971), 31.

escuela. Como sus recursos económicos eran limitados, no podían permitirse que su hijo siguiera estudiando, por lo que la educación formal de Gill llegó a su fin. Pero esto no frenó el ansia de aprender que tenía su hijo. Antes de dejar la escuela, Gill había adquirido una buena base de latín y griego, y a los 19 años ya dominaba ambos idiomas y estaba a punto de dominar el hebreo. El conocimiento de estas tres lenguas le proporcionó un acceso inmediato a una gran riqueza de conocimientos bíblicos y teológicos que utilizó con gran provecho en los años siguientes como pastor de la Goat Yard Chapel en Londres (la congregación que años más tarde escuchó a Spurgeon en el Tabernáculo Metropolitano) de 1719 a 1771.

Ahora bien, la época en que vivió Gill a veces se denomina la «Edad de la Razón»[2] y muchos intelectuales de Europa la consideraban una época de avances sin precedentes en los ámbitos de la ciencia, la cosmovisión y el pensamiento filosófico. Aunque el término *Ilustración* no se pondría de moda hasta el siglo siguiente, estos intelectuales invocaban regularmente la imagen de la luz al hablar de su época. Por ejemplo, el filósofo angloirlandés George Berkeley hablaba de «ese océano de luz que se ha abierto paso a pesar de la esclavitud y la superstición». Muchos de estos intelectuales confiaban ingenuamente en la «omnicompetencia de la razón humana», algo claramente antitético al cristianismo ortodoxo, el cual afirma la superioridad de la revelación divina. No es de extrañar que esta época fuera testigo del inicio de un ataque masivo contra las verdades de la fe cristiana, algo que ha persistido hasta nuestros días. Y una de las verdades centrales de la fe cristiana que fue atacada duramente en esta época fue la doctrina de la Trinidad.

Una sucesión de intelectuales y teólogos cuyo pensamiento había sido moldeado más por el espíritu de la época que por el Espíritu de la Verdad insistieron en que las Escrituras se interpretaran de

---

[2] Nota de los traductores: *la Edad de la Razón* —O *el Siglo de las Luces*.

acuerdo con lo que ellos consideraban la sana razón. Teniendo en cuenta este principio hermenéutico, no es de extrañar que el trinitarismo ortodoxo fuera objeto de ataques. Por ejemplo, el poeta inglés Thomas Chatterton declaró: «Como Dios es incomprensible,[3] no se nos exige conocer los misterios de la Trinidad, etc.», y, por tanto, «no importa si un hombre es pagano, musulmán,[4] judío o cristiano si actúa de acuerdo con la religión que profesa». Ahora bien, cabe recordar que cuando otros cuerpos confesionales (p. ej.: los presbiterianos ingleses y amplios sectores del anglicanismo) fueron totalmente incapaces de retener firmemente la ortodoxia trinitaria frente a la embestida del racionalismo, los bautistas calvinistas ingleses sí mantuvieron su compromiso con este misterio de misterios. Por supuesto, fue la gracia de Dios lo que les permitió permanecer ortodoxos. Pero Dios usa medios, y en este caso fue el pastor y teólogo londinense John Gill, cuyos escritos fueron fundamentales en la defensa de la Trinidad.

Su *Declaración y reivindicación de la doctrina de la Trinidad* (1731), cuya traducción al español tienes en tus manos, fue una defensa eficaz de que no hay más que

> un solo Dios, que hay una pluralidad en la Divinidad, que hay tres Personas divinas en Él, que el Padre es Dios, el Hijo es Dios y el Espíritu Santo es Dios, que son distintos en personalidad, {pero} es la misma sustancia, son iguales en poder y gloria.

El núcleo de este tratado se incorporó posteriormente al *Cuerpo de Teología* (1769) de Gill, que se convirtió en el principal recurso teológico de muchos pastores bautistas. John Rippon, sucesor

---

[3] Nota de los traductores: *incomprensible* —Lo que el cristianismo ortodoxo quiere decir con este término cuando se aplica a Dios es *inabarcable*, es decir, que nuestro entendimiento no puede contener o abarcar a Dios en Su totalidad.

[4] Nota de los traductores: *musulmán* —Lit., *turco*.

pastoral de Gill, dio así testimonio de la fidelidad de este a la ortodoxia trinitaria:

> El Dr. Gill no solo velaba por su *congregación* «con gran afecto, fidelidad y amor», sino que también vigilaba su *púlpito*. Si era de su conocimiento, no admitía a nadie que predicara por él que fuera insensible a la doctrina de la Trinidad, o *negara* la filiación divina del Hijo de Dios, o se *opusiera* a concluir sus oraciones con la *doxología* habitual al Padre, Hijo y Espíritu Santo, como tres Personas iguales en el único Jehová. A los sabelianos, arrianos y socinianos los consideraba en perfecta *oposición* al evangelio y como *verdaderos* enemigos de la cruz de Cristo. No se *atrevían* a pedirle que les [permitiera predicar], ni *podía permitirles*, por conciencia, que oficiaran por él. Creía que, con esta uniformidad de conducta, adornaba el oficio pastoral.[5]

Hizo más que «adorn[ar] el oficio pastoral»; con sus palabras escritas, como estas del presente texto, ayudó a pastorear a la comunidad bautista inglesa por el camino de la ortodoxia. Por ende, cuando el fuego del avivamiento llegó en el último tercio del siglo, después de la muerte de Gill, había carbones de ortodoxia para encender y prender la llama.

Michael A. G. Azad Haykin
Dundas, Ontario, Canadá
22 de abril de 2024

---

[5] John Rippon, *Breves memorias de la vida y escritos de John Gill* (Santo Domingo, Ecuador: Legado Bautista Confesional, 2023), 106. Nota de los traductores: Énfasis en el original. Corchetes añadidos para corregir nuestra traducción.

CAPÍTULO 1
La doctrina de la Trinidad: Introducción y pruebas que demuestran la unidad de la esencia divina, o el hecho de que no hay más que un solo Dios

a doctrina de una Trinidad de Personas en la unidad de la esencia divina es, indiscutiblemente, un gran misterio de la piedad. Los judíos de la antigüedad solían llamarlo *el misterio sublime*[1] y, a veces, *el misterio de todos los misterios*;[2] si un hombre no se esforzaba por conocerlo, habría sido mejor para él si nunca hubiera sido creado; en ocasiones lo llamaban *el misterio de la fe*[3], una frase que el apóstol usa en 1 Timoteo 3:9, donde dice que uno de los requisitos de un diácono es «[que guarde] el misterio de la fe con limpia

---

[1] רוא דא עלאה (*El Zohar* sobre Génesis, fol. 1, col. 3 [edición Sultzbach]; fol. 3 [edición Cremon]).

[2] רוא דבל רוין (*El Zohar* sobre Éxodo, fol. 66, col. 3; fol. 71, col. 4 [edición Cremon]).

[3] רוא דמהימנותא (*El Zohar* sobre Éxodo, fol. 66, col. 3; fol. 71, col. 4 [edición Cremon]).

conciencia». Con lo cual, de acuerdo con el uso de la frase entre los judíos, tal vez se refiere principalmente a la doctrina de la Trinidad. Y si los diáconos deben retener esto con una limpia conciencia, mucho más los ministros de Cristo, quienes son administradores de los misterios de Dios y cuya tarea es dar a conocer el misterio del evangelio a los demás.

Esta es una doctrina de pura revelación. Que existe un Dios y que no hay más que un solo Dios, quien es un Ser que posee todas las perfecciones divinas, puede ser conocido por la luz de la naturaleza; pero, que hay una Trinidad de Personas en la Divinidad {y}[4] que son distintas, aunque indivisas entre Sí, es algo que la razón natural nunca podría haber descubierto. Los libros del Antiguo y del Nuevo Testamento contienen «la palabra profética más segura, a la cual hacéis bien en prestar atención como a una lámpara que brilla en el lugar oscuro»[5]. Esta es y debe ser nuestra guía en todas esas doctrinas profundas y misteriosas. Si la descuidamos y somos guiados y gobernados por los falsos razonamientos de nuestras mentes carnales, no es de extrañar que nos metamos en laberintos y después encontremos difícil salir de estos. «¡A la ley y al testimonio! Si no hablan conforme a esta palabra, es porque no hay para ellos amanecer».[6]

Dado que esta doctrina es revelada en la Escritura, debería ser un artículo de nuestra fe aunque la acompañen algunas dificultades que no podemos explicar. El hecho de que se trata de una doctrina de gran importancia no necesita más pruebas, sin embargo, fácilmente puede darse otra, a saber: la gran oposición que Satanás ha levantado en su contra. En verdad él recurre a muchas estratagemas, artimañas

---

[4] Nota de los traductores: Los textos y/o caracteres {entre llaves} son traducciones o aclaraciones para preservar la fidelidad al significado del texto original.

[5] Nota de los traductores: 2 Pedro 1:19.

[6] Isaías 8:20.

y astucias para apoyar sus propios intereses y perjudicar los de Cristo. Sin embargo, hay dos maneras más específicas que ha empleado para este propósito.

La una es depreciar el Ser divino en lo que respecta a los Nombres u oficios de una u otra de las tres gloriosas Personas en las que {el Ser divino} subsiste; y la otra es magnificar y exaltar la razón del hombre, sus poderes intelectuales y la libertad de su voluntad en las cosas espirituales y divinas. Por ejemplo, cuando el hombre es presentado como una criatura investida de poderes y capacidades para convertirse él mismo y hacer todo lo que es espiritualmente bueno y conduce a su felicidad presente o futura. Esto tiene el propósito de arrojar un velo sobre las glorias de la gracia divina y hacer innecesarios los méritos de Cristo y las operaciones del Espíritu.

Otras veces emplea toda su fuerza y astucia, ya sea para destruir la deidad propia del Hijo y del Espíritu y hacer que se desprecien Sus respectivos Nombres, oficios y obras o para introducir una confusión total en lo que respecta a la Sagrada Trinidad al negarse una distinción entre las Personas en la Deidad, lo cual en su conjunto puede llamarse propiamente anticristianismo, porque «[e]ste es el anticristo, el que niega al Padre y al Hijo»[7]. El que dice que el Padre es el Hijo y que el Hijo es el Padre y no reconoce ninguna distinción entre Ellos, los confunde a ambos; y al confundirlos, niega tácitamente la existencia de los dos.[8] Ahora bien, siendo mi presente propósito tratar la doctrina de la Trinidad, usaré el siguiente método al disertar sobre este argumento:

---

[7] Nota de los traductores: 1 Juan 2:22.

[8] Viderint igitur Antichristi, qui negant patrem & filium. Negant enim patrem, dum eundem filium dicunt, & negant filium, dum eundem patrem credunt, dando illis quæ non sunt, auferendo quæ sunt (Tertuliano, *Adversus Praxeam* {trad. oficial: *Contra Práxeas*}, sec. 30).

I.   Demostraré la unidad de la esencia divina, o que no hay más que un solo Dios.

II. Que hay una pluralidad en la Divinidad.

III. Que esta pluralidad no es ni más ni menos que tres, y que estos tres son: el Padre, el Verbo y el Espíritu Santo.

IV. Y consideraré los respectivos Nombres, la deidad propia y la personalidad distinta de cada uno de estos tres.

I. La unidad de la esencia divina, o que no hay más que un solo Dios

Esta es una verdad que han asentido los más sabios entre los paganos,[9] sus filósofos y poetas, quienes se reían y burlaban del politeísmo de su propia gente. Hasta el día de hoy, los judíos siempre han conservado {esta verdad} como un artículo en su credo;[10] y no es de extrañar que lo hicieran, pues está escrito como un rayo de sol en las Escrituras del Antiguo Testamento. Y en cuanto a nosotros los cristianos, «sabemos» —como dice el apóstol— «que un ídolo no es nada en el mundo, y que no hay sino un solo Dios».[11] De modo que todos somos unitarios en cierto sentido, aunque no en el mismo sentido. El método que seguiré al disertar sobre este encabezado será el siguiente:

1. *En primer lugar*, demostraré la afirmación de que no hay más que un solo Dios.

2. *En segundo lugar*, explicaré en qué sentido usamos las palabras cuando decimos que no hay más que un solo Dios.

---

[9] Mercurio, Trismegisto, Pitágoras, Sócrates, Platón, Proclo, Plotino, Porfirio, Aristóteles, Epicteto, Séneca, Cicerón, Plutarco, Homero, Hesíodo, Teognis, Sófocles, etc. (Philippe de Mornay, *De la verité de la religion chrestienne* {trad. no oficial: *La veracidad de la religión cristiana*}, cap. 1.3).

[10] Es el segundo artículo de su credo, y es afirmado firmemente por Maimónides en *Yesode Hattora* (cap. 1, § 4), y por R. Joseph Albo en *Sepher Ikkarim* (lec. 2, caps. 6-7).

[11] 1 Corintios 8:4.

I.1. Demostración de la afirmación de que no hay más que un solo Dios

Ahora bien, la afirmación de que no hay más que un solo Dios puede demostrarse considerando el ser y las perfecciones de Dios y Su relación con Sus criaturas, así como por el testimonio tanto del Antiguo como del Nuevo Testamento.

I.1.A. En primer lugar, la verdad de que no hay más que un solo Dios puede concluirse de la consideración del ser y las perfecciones de Dios y Su relación con Sus criaturas

Puede argumentarse por la necesidad de la existencia de Dios. Aquel que es Dios existe necesariamente. Si no existe necesariamente, {entonces} Su existencia se debe a alguna causa, la cual solo puede ser Él mismo u otra cosa. No puede ser otra cosa, porque entonces aquello que es la causa de Su existencia sería Dios, y Él mismo no sería esa causa. Y si Él fuera la causa {externa} de Su propia existencia, entonces Él debe existir y no existir a la vez, o haber existido antes de existir; cualquiera de las cuales es una contradicción. Queda, pues, que Dios existe necesariamente; y si Él existe necesariamente, entonces no hay más que un solo Dios, porque no puede haber razón para que haya más de uno que exista necesariamente.

Esta misma verdad puede demostrarse por la eternidad de Dios. Aquel que es Dios es eterno. Él es antes de todas las cosas; es desde la eternidad hasta la eternidad; es el Primero y el Último, el Principio y el Fin, aunque no tiene ni principio ni fin; es el único que tiene inmortalidad. La eternidad es propia de Él, de modo que no puede ser atribuida a ningún otro ser ni puede haber más de uno que sea eterno; por lo tanto, no hay más que un solo Dios. Porque si es así —como Él declara— que «antes de [Él] no fue formado otro dios, ni después de

[Él] lo habrá»[12] y —añade— que «no hay dioses [con Él]»[13], entonces se sigue que no puede haber ningún otro Dios que no sea Él mismo.

La inmensidad y la infinitud de Dios son pruebas contundentes de Su unidad. Dios es infinito en Su ser y perfecciones: «Su entendimiento es infinito»[14], y también lo son Su poder, bondad, justicia y santidad, etc. Así como Su eternidad es aquella perfección por la que Él no está limitado por el tiempo, también Su inmensidad o infinitud es aquella perfección por la que Él no está limitado o circunscrito por el espacio. Aquel que es Dios está en todas partes; no hay forma de huir de Su presencia; Él llena el Cielo y la tierra con ella y, al llenarlos, {aun así} estos no lo pueden contener: «[l]os cielos y los cielos de los cielos no [lo] pueden contener»[15]. Ahora bien, no puede haber más de uno que sea infinito. Si suponemos que hay dos, [1] el uno debe alcanzar, abarcar y contener al otro, o [2] no puede hacerlo. Si no puede alcanzar, abarcar y contener al otro, entonces no es infinito e inmenso y, por tanto, no es Dios. Si en verdad alcanza, abarca y contiene al otro, entonces lo que está incluido en Su presencia es finito y, por tanto, no es Dios. En resumen, no puede haber más de uno que sea infinito, y si no puede haber más de uno que es infinito, entonces no puede haber más que un solo Dios.

El argumento puede reforzarse considerando la omnipotencia de Dios. Aquel que es Dios es todopoderoso; todo lo puede; está sentado en los cielos y hace lo que le place. Y si hay uno que todo lo puede, ¿qué necesidad hay de otro?, o ¿qué razón puede darse para que se suponga que hay otro? La palabra *todopoderoso* no admite grados. No se puede decir que hay uno que es todopoderoso y otro que es más todopoderoso, y aun otro que es todopoderosísimo. No, no hay más

---

12 Isaías 43:10.

13 Deuteronomio 32:39 (RVR60).

14 Salmos 147:5.

15 1 Reyes 8:27.

de uno que es todopoderoso, por consiguiente, no hay más que un solo Dios.

La bondad de Dios puede servir de apoyo a esta verdad. Aquel que es Dios es bueno original y esencialmente; es la fuente y causa de toda bondad en los demás y para con los demás; es bueno y hace lo bueno; toda manifestación de bondad viene de Él;[16] y, si lo que nuestro Señor dice es verdad, como ciertamente lo es, que «ninguno hay bueno sino uno: Dios»[17], de esto se concluye que si no hay más de uno que es bueno, entonces no hay más que un solo Dios.

Podría continuar demostrando la unidad del Ser divino por la perfección de Dios. Aquel que es Dios es perfecto en Su naturaleza y en Sus obras. Si suponemos que hay más de un Dios, debe haber alguna diferencia esencial por la que se distingan entre Sí; y esa diferencia esencial debe ser o una excelencia o una imperfección. Si es una imperfección, entonces aquel a quien pertenece no puede ser Dios, porque no es perfecto. Si es una excelencia, Aquel en quien está se distingue por ello de todos los demás en quienes dicha excelencia no está; así que solo Él puede ser Dios. De cualquier forma que se analice, no puede haber más que un solo Dios.

Además, Aquel que es Dios es *El Shaddai*, que traducido es *Dios todo suficiente*; no tiene necesidad de nada ni puede recibir nada de otros: «¿... QUIÉN LE HA DADO A ÉL PRIMERO PARA QUE SE LE TENGA QUE RECOMPENSAR?»[18]. Ahora bien, la todosuficiencia no puede atribuirse propiamente a más de uno.

Súmese a esto que no hay más que una sola causa primaria de todas las cosas, por lo tanto, no hay más que un solo Dios. Los hombres consideran los efectos para llegar al conocimiento de las

---

[16] Nota de los traductores: Lit., *todas las corrientes de la bondad fluyen de Él.*

[17] Mateo 19:17 (RVR60).

[18] Romanos 11:35.

causas, y de la consideración de las causas llegan al conocimiento de su(s) causa(s), hasta que llegan a la causa primaria de todas las cosas, en la que se fijan y se centran, y a la que con razón llaman Dios. Y así, por medio de lo creado, los gentiles pueden llegar al conocimiento del eterno poder y divinidad o de la unidad de la esencia o del Ser divino, de manera que no tienen excusa. Ahora bien, así como no hay razón para creer que haya más de una causa primaria de todas las cosas, tampoco la hay para creer que haya más de un Dios.

En fin, esto puede concluirse de las relaciones de Dios con Sus criaturas. Él es Su Creador, Su Rey, Su Juez y Legislador. Ahora bien, no hay más que un solo Creador, quien es la causa primaria de todas las cosas. No hay más que un solo Rey de reyes y Señor de señores: Aquel de quien es el Reino y gobierna las naciones. Del gobierno del mundo no tenemos razón para concluir que haya más de un Gobernador, ni que haya más de un Legislador que sea poderoso para salvar y para destruir,[19] ni que haya más de un Juez de toda la tierra que hará justicia. Así como Dios es uno solo en Su naturaleza o esencia y no puede multiplicarse ni dividirse, también es uno solo en Su relación con Sus criaturas. Pero prosigo.

I.1.B. En segundo lugar, los libros del Antiguo y del Nuevo Testamento demuestran suficientemente que no hay más que un solo Dios

I.1.B.a. El Antiguo Testamento

En los Libros del Antiguo Testamento tenemos ese famoso y notable pasaje de Deuteronomio 6:4, que expresa plenamente esta verdad: «Escucha, oh Israel, el Señor es nuestro Dios, el Señor uno es». Este es uno de los fragmentos de la ley que los judíos ponen en sus tefilín o filacterias que se atan en la frente y en los brazos para

---

[19] Nota de los traductores: Nótese que se está parafraseando Santiago 4:12 (NBLA).

recordar su deber. Leen este pasaje de la Escritura todas las mañanas y todas las noches con gran devoción, y en todo momento lo objetan a los cristianos porque afirma la unidad de Dios, para negar la doctrina de una Trinidad de Personas,[20] aunque con poca efectividad, como demostraré más adelante. Las profecías de Isaías abundan en pruebas de esta verdad. En 43:10, Dios dice: «Antes de mí no fue formado otro dios, ni después de mí lo habrá»; en 44:6: «Así dice el SEÑOR, el Rey de Israel, y su Redentor, el SEÑOR de los ejércitos: "Yo soy el primero y yo soy el último, y fuera de mí no hay Dios…"»; en la última parte del v. 8: «"¿Hay otro dios fuera de mí, o hay otra Roca? No conozco ninguna"»; en 45:5-6:

> Yo soy el SEÑOR, y no hay ningún otro; fuera de mí no hay Dios. Yo te ceñiré, aunque no me has conocido, para que se sepa que desde el nacimiento del sol hasta donde se pone, no hay ninguno fuera de mí. Yo soy el SEÑOR, y no hay otro.

Véase también la última parte del v. 14: «"Ciertamente Dios está contigo y no hay ningún otro, ningún otro dios"»; y los versículos 18, 21 y 22. Lo mismo puede observarse en 46:9: «Acordaos de las cosas anteriores ya pasadas, porque yo soy Dios, y no hay otro; yo soy Dios, y no hay ninguno como yo». Estas son algunas pruebas de la unidad del Ser divino provenientes del Antiguo Testamento; por tanto, no es de extrañar que los judíos se adhirieran tan estrechamente a este artículo.

I.1.B.b. El Nuevo Testamento

El Nuevo Testamento es tan completo y explícito al respecto como el Antiguo Testamento. Nuestro Señor Jesucristo no solo cita este texto en Deuteronomio 6:4, sino que también se dirige a Dios de esta manera en Juan 17:3: «Y esta es la vida eterna: que te conozcan a ti, el único Dios verdadero…». Y Sus apóstoles, al igual que los Escritos

---

[20] Véanse *El Talmud: Tratado de Berajot* (fol. 2.1-2); y Maimónides, *Hilch Keriat Shema* (cap. 1, § 1-2).

del Antiguo Testamento, declaran que no hay más que un solo Dios. El apóstol Pablo dice en Romanos 3:30: «… Dios es uno, el cual justificará en virtud de la fe a los circuncisos y por medio de la fe a los incircuncisos»; y en 1 Corintios 8:6:

> Sin embargo, para nosotros hay un solo Dios, el Padre, de quien proceden todas las cosas y nosotros somos para Él; y un Señor, Jesucristo, por quien son todas las cosas y por medio del cual existimos nosotros.

Lo mismo dice en Efesios 4:6: «un solo Dios y Padre de todos, que está sobre todos, por todos y en todos», y en ese famoso texto en 1 Timoteo 2:5: «Porque hay un solo Dios, y también un solo mediador entre Dios y los hombres, Cristo Jesús hombre». Y para cerrar esta serie de citas, el apóstol Santiago aprueba que las personas asientan a esta verdad cuando dice en 2:19 de su Epístola: «Tú crees que Dios es uno. Haces bien; también los demonios creen, y tiemblan». No he hecho ninguna observación sobre estos textos de las Escrituras porque más adelante tendré ocasión de considerarlos e interpretarlos. Ahora prosigo.

I.2. ¿En qué sentido usamos las palabras cuando decimos que no hay más que un solo Dios?

En segundo lugar, para explicar el significado de este artículo {de la fe} o mostrar lo que queremos decir cuando afirmamos que no hay más que un solo Dios:

I.2.A. *No en un sentido arriano*

No lo entendemos en un sentido arriano, es decir, que no hay más que un solo Dios supremo y dos dioses subordinados o inferiores. Estas frases de la Escritura que expresan la unidad de Dios no se dirigen tanto contra la noción que sostiene que hay más de un Dios supremo,[21] porque esta noción nunca pudo predominar mucho entre los gentiles, ni hay mucho peligro de que la gente caiga en ella en vista de que la noción es tan absurda y contradictoria, sino que se dirigen principalmente contra el vasto número de dioses insignificantes e inferiores que los hombres se han inclinado a abrazar y adorar. De estas expresiones tampoco se puede deducir por qué 2 dioses inferiores no deben quedar tan excluidos como otros 200, ni por qué no podemos reconocer a los 200 tanto como los 2 dioses inferiores en cuestión. O bien estos dos dioses inferiores son creadores, o bien son criaturas. Si son creadores, son el único Dios supremo, porque ser Creador es propio del Dios supremo. Si son criaturas, como no hay ser intermedio entre un Creador y una criatura, entonces son «[l]os dioses que no hicieron los cielos ni la tierra» y, por lo tanto, «perecerán de la tierra y de debajo de los cielos»[22]. Tampoco se les debería rendir devoción religiosa ni adoración, porque sería una violación del mandamiento divino: «No tendrás otros dioses delante de mí»[23] y servir a la criatura más que al Creador, o en lugar del Creador, que es la acusación contra los gentiles (Rom. 1:25).

I.2.B. *No en un sentido sabeliano*

Tampoco lo entendemos en un sentido sabeliano, es decir, que Dios no es más que una sola Persona. Porque aunque no hay más que un solo Dios, hay tres Personas en la Divinidad. Aunque el Padre, el Verbo y el Espíritu son un solo Dios, no son una sola Persona, porque si así fuera, no podrían ser tres los quedan testimonio[24]. Y cuando nuestro Señor dice: «Yo y el Padre somos uno»[25], no puede querer

---

[21] Véanse los sermones del Dr. Waterland, pp. 125-126, y la primera defensa de las preguntas hechas por él, pp. 4-5.

[22] Nota de los traductores: Jeremías 10:11.

[23] Éxodo 20:3.

[24] Nota de los traductores: 1 Juan 5:7.

[25] Juan 10:30.

decir una sola Persona, pues habla de Sí mismo como distinto del Padre, y del Padre como distinto de Él; y así como sería absurdo decir: —*Yo y Yo mismo somos uno* (que es lo que debería querer decir si no hay distinción de Personas), también sería contradictorio decir: —*Yo, que soy uno solo, y mi Padre, que es otro, somos una sola Persona.* Lo que quiere decir es que son uno solo en cuanto a naturaleza, esencia, poder y gloria.

I.2.C. *No en un sentido triteísta*

Tampoco lo entendemos en un sentido triteísta, es decir, que hay tres esencias o Seres numéricamente distintos de los que puede decirse que son una sola esencia o Ser porque los tres son de una sola y la misma naturaleza, del mismo modo que puede decirse que tres hombres son un solo hombre porque son de la misma naturaleza humana. Pero esto es hacer tres Dioses, y no uno solo, pues Sus esencias serían numéricamente distintas.

En cambio, decimos que no hay más que una sola esencia divina, que es indivisa y común al Padre, al Hijo y al Espíritu; y en este sentido afirmamos que no hay más que un solo Dios. No hay más que una sola esencia, aunque hay diferentes modos de subsistir en esta. Recientemente un escritor nos describió muy erróneamente[26] diciendo que sostenemos que la naturaleza divina de Cristo es distinta de la del Padre de los espíritus[27], que una parte de la naturaleza divina está en el Padre y otra parte en el Hijo, y que el Hijo de Dios, en cuanto a Su naturaleza divina, es una parte de Dios. No podemos hacer otra cosa que quejarnos de esto como una injuria que se nos hace, y debemos insistir en que el autor se retracte. Si él piensa que estas son consecuencias[28] justamente

---

[26] Véase William Davis, *The great concern of Jew and Gentil* {trad. no oficial: *La gran preocupación de judíos y gentiles*}, pp. 27, 40-41, 47, 50.

[27] Nota de los traductores: Véase Hebreos 12:9 (RVR60).

[28] Nota de los traductores: *consecuencias* —O *implicaciones*.

deducibles de nuestros principios, no debería describirnos diciendo que las sostenemos, cuando al mismo tiempo las negamos rotundamente. Esto no es un trato justo. Decimos que toda la naturaleza o esencia divina está en el Padre; y que toda la naturaleza o esencia divina está en el Hijo; y que toda la naturaleza o esencia divina está en el Espíritu Santo; y que esta es simple e indivisa y común a los tres.

Además, cuando nosotros, junto con las Escrituras, afirmamos que no hay más que un solo Dios, queremos decir que no hay más que un solo y único Dios verdadero, en contraste con todos los dioses falsos, los ídolos de los paganos, todos los supuestos dioses o aquellos que son dioses solo de nombre, pero no lo son realmente, no son Dios por naturaleza; y también en contraste con todos los dioses figurados o metafóricos. Por ejemplo, los ángeles, las autoridades civiles y los jueces son llamados dioses debido a su exaltación y dignidad. Se dice que Moisés era como Dios para Faraón y para Aarón. El estómago de un hombre es llamado su dios[29] cuando lo complace de manera epicúrea. Y Satanás, debido a su dominio usurpado, es llamado el dios de este mundo.

Además, cuando decimos que no hay más que un solo Dios, con ello pretendemos incluir, y no excluir, (y así lo hacen las Escrituras) la deidad del Hijo y del Espíritu Santo; lo cual se verá al considerar los pasajes mencionados anteriormente.

Para comenzar, consideremos Deuteronomio 6:4: «Escucha, oh Israel, el SEÑOR es nuestro Dios, el SEÑOR uno es», palabras que el autor de {trad. no oficial}[30] *La gran preocupación de judíos y gentiles*

---

[29] Nota de los traductores: Véase Filipenses 3:19 (RVA 2015).

[30] Nota de los traductores: La etiqueta «{trad. no oficial}» indica que la traducción que sigue a continuación pertenece a una fuente que aún no está disponible en español; por tanto, puede aparecer oficialmente con otro título o como parte de otras obras en el futuro. En cambio, si el material citado ya ha sido publicado en español en el momento en que se hace esta traducción, se

traduce fielmente: «Escucha, oh Israel, Jehová, nuestros Dioses, es un solo Jehová».[31] Y el mismo autor justamente observa que

> … esas palabras dichas por Moisés en un estilo tan notable, y, después de muchos siglos, dichas por Cristo mismo cuando se apareció en el mundo, llaman a la especial consideración y atención de aquellos que en todas las naciones profesaban adorarlo…

Pero me veo obligado a hacer algunas críticas al recuento de estas palabras hecho por este autor. Su interpretación es la siguiente:

> Por la primera mención del nombre «Jehová» en este pasaje, lo considero *el único Dios vivo y verdadero*, uno de Cuyos Nombres es Celoso, y Su gloria a otro no dará. Por el segundo Nombre o caracterización («nuestros Dioses»), lo considero en nuestra naturaleza, en Su Cristo, el hombre compañero Suyo, a quien ha unido a Sí mismo con el Nombre de «el Verbo»; y habiéndolo hecho así, en el tiempo señalado, hizo de Su alma una ofrenda por el pecado, con el propósito misericordioso de nuestra redención y salvación. Y por el tercero, es decir, el mismo Nombre sagrado que el primero («Jehová»), entiendo que se trata del mismo Dios dándose a conocer a Su pueblo por medio de Su Cristo, en quien iba a reconciliar al mundo consigo mismo.[32]

Estoy de acuerdo con este autor en su interpretación del primer Nombre («Jehová») como *el único Dios vivo y verdadero*; pero de ninguna manera puedo asentir a su interpretación del segundo Nombre o caracterización —como él lo llama— («nuestros Dioses»), donde afirma que es el mismo único Dios vivo y verdadero en nuestra naturaleza, la cual ha unido a Sí mismo con el Nombre de «el Verbo».

Ahora bien, con «el único Dios vivo y verdadero» él quiere decir o Dios considerado en las Personas {divinas}, o Dios considerado en

---

usará el título oficial precedido de la etiqueta «{título oficial}». En las notas a pie de página, la traducción del título de una fuente bibliográfica aparecerá por lo general solo la primera vez que el autor la cite.

[31] William Davis, *The great concern of Jew and Gentil*, p. 1.

[32] William Davis, *The great concern of Jew and Gentil*, p. 7.

Su esencia. No es Dios considerado en las Personas, porque él rechaza la distinción de Personas. Por tanto, entiendo que se refiere a Dios considerado en Su esencia.

Entonces, obsérvese que la naturaleza o esencia divina, considerada como simple y absoluta, no se unió a la naturaleza humana, sino que esta última fue unida al modo de subsistencia o, en otras palabras, la naturaleza divina tal como subsistía en la Persona del λόγος o Verbo. De lo contrario, podría decirse verdaderamente que el Padre y el Espíritu Santo se encarnaron, padecieron, murieron y resucitaron como el Hijo, mientras que no fue el Padre, ni el Espíritu Santo, sino el Verbo quien «se hizo carne, y habitó entre nosotros» {Jua. 1:14}; no fue el Padre, sino el Hijo quien «naci[ó] de mujer, naci[ó] bajo la ley» {Gál. 4:4}. Y, después de todo, me resulta algo chocante y sorprendente que la naturaleza humana, estando unida a la naturaleza divina, haga una pluralidad en la Deidad, lo cual —según da a entender este autor— es la única razón de esta expresión plural («nuestros Dioses»), porque aunque la naturaleza humana es grandemente exaltada y dignificada por su unión a la naturaleza divina, no es deificada; no es transmutada en la misma naturaleza {divina}; no es hecha un Dios de la Deidad ni da pluralidad alguna a la Deidad. En cuanto al significado que el autor da al tercer Nombre («Jehová»), debo confesar que no lo comprendo; es totalmente oscuro e ininteligible para mí; por lo tanto, este autor no debe disgustarse si cito sus propias palabras, usadas por él en la misma página, y digo que es «un significado confuso y el lenguaje de Babel».

Considero que este es el verdadero significado del texto: «Jehová, nuestros Dioses (Padre, Hijo y Espíritu), son un solo Jehová». Cómo entendían estas palabras la antigua sinagoga, o los antiguos escritores judíos, se verá por un ejemplo o dos de su libro *El Zohar*. Comentando Génesis (fol. 1, col. 3), el autor {judío}, mencionando este texto y los tres Nombres («Jehová», «Elohenu», «Jehová»), dice: «Estos son los tres grados con respecto al misterio sublime. En el principio creó Dios (o Elohim)…»; y sobre Éxodo (fol. 18, col. 3-4) afirma:

Esta es la unidad que se llama el primer «Jehová», «Elohenu», «Jehová»; ¡Miren! Todos son uno, por eso se dice que son uno, para mostrar que esos tres Nombres son como uno solo. Por eso decimos que son uno solo, porque son uno solo, lo cual se da a conocer por la revelación del Espíritu Santo, y en verdad se manifiesta abundantemente.

Y después lo explica con un símil tomado de la voz, que aunque no es más que una sola, consta de tres cosas: «"Jehová, Elohenu, Jehová"; estos son uno solo; estos tres גוונין modos, formas o cosas son uno solo». Una vez más, sobre Números (fol. 67, col. 3) explica:

Hay dos, y uno está unido a ellos, y son tres, y estos tres son uno solo. Estos son los dos Nombres que Israel oyó: «Jehová», «Jehová»; y «Elohenu» está unido a estos; y se convierten en el sello del anillo de la verdad.

No necesito señalarles el significado que dan los escritores cristianos a este texto; por tanto, solo mencionaré un pasaje o dos de Fulgencio, porque contienen algunos razonamientos y argumentos. Mencionando este texto y otro («"AL SEÑOR TU DIOS ADORARÁS, Y A ÉL SOLO SERVIRÁS"»), hace este comentario:

Creemos que este Dios no es el Padre solo, sino el Padre y el Hijo y el Espíritu Santo. Porque nuestra fe, por la cual servimos y adoramos al único Dios, no se encoge[33] por una unión personal ni se separa por una diferencia sustancial, no sea que, como hacen los paganos, adoremos a dioses al adorar sustancias diferentes; o que junto con Sabelio neguemos al Hijo y al Espíritu no conservando las Personas en la Trinidad.[34]

---

[33] Nota de los traductores: *no se encoge* —Lit., *no se contrae*.

[34] «Audi, Israel, Dominus Deus tuus, Dominus unus est, & Dominum Deum tuum adorabis, & illi soli servies». Quem Deum, non patrem solum credimus, sed patrem, & filium, & spiricum sanctum. Fides enim nostra, qua unum Deum colimus & timemus, nec unione personali contrahitur, nec substantiali diversitate disjungitur: Ne aut Deos Gentiliter colamus diversas colendo substantias, aut filium & spiritum cum Sabellio denegemus, non servantes in

Y en otro lugar {añade}:

> Si por «el SEÑOR Dios» entendemos el Padre solamente, entonces
> no debemos servir ni adorar al Hijo como Dios, porque todo lo que
> no pertenece a la naturaleza del único SEÑOR Dios no debe ser
> adorado por nosotros como Dios.[35]

En fin, si el Hijo o el Espíritu Santo están excluidos del único SEÑOR
en este texto, entonces también deben estar excluidos de ese amor y
afecto que se nos exige tributar al SEÑOR en el versículo siguiente.

Los textos de las profecías de Isaías citados para demostrar la
unidad de Dios no deben entenderse de una manera que excluyan al
Hijo o al Espíritu Santo. En Isaías 44:6, uno de los textos citados, el
único SEÑOR Dios se autodenomina el Primero y el Último, título
que nuestro Señor Jesucristo toma para Sí (Apo. 1:8); algo que Él
ciertamente nunca habría hecho si hubiera estado excluido del único
SEÑOR Dios en este texto de Isaías. Nuevamente, otro de estos textos
(Isa. 45:22-23) se aplica manifiestamente a Cristo en Romanos
14:10-11, algo que nunca se habría hecho si Él hubiera estado
excluido en el texto de Isaías.

En cuanto a los textos ya citados del Nuevo Testamento, se verá
de inmediato que no deben entenderse de una manera que excluya
la deidad del Hijo o la del Espíritu Santo.

Juan 17:3 es el primer pasaje citado: «Y esta es la vida eterna: que
te conozcan a ti, el único Dios verdadero, y a Jesucristo, a quien has
enviado». Ahora bien, si en este texto Jesucristo hubiera quedado
excluido del «único Dios verdadero», Cristo nunca se habría unido

---

trinitate personas (Fulgencio, *Contra Arrian* {trad. no oficial: *Contra los arrianos*},
respuesta a obj. 4).

[35] Quod si Dominum Deum, solum patrem accipere debemus, filio ergo nec
ut Deo serviamus, nec eum adoremus: Quicquid enim ad naturam Domini Dei
solius non pertinet, ut Deus a nobis adorari non debet (Fulgencio, *Contra Arrian*,
respuesta a obj. 10).

a Dios.[36] Además, se dice que la vida eterna depende tanto de conocer a Jesucristo como de conocer al único Dios verdadero. Después de todo, Cristo es llamado expresamente «el único Dios verdadero» en 1 Juan 5:20: «Este es el verdadero Dios y la vida eterna». Nótese que «Este» se refiere a Su Hijo Jesucristo, porque Él es el antecedente inmediato de dicho pronombre demostrativo.

Romanos 3:30, donde se dice que «Dios es uno, el cual justificará en virtud de la fe a los circuncisos…», no puede entenderse de un modo que excluya a Jesucristo, ya que de Él está profetizado en Isaías 53:11 que justificaría a muchos, ni al Espíritu Santo, porque es «en el nombre del Señor Jesucristo y en el Espíritu de nuestro Dios»[37] que somos justificados. Si nadie más que «el único Dios» puede perdonar pecados o justificar a pecadores y el Hijo y el Espíritu Santo perdonan pecados y justifican a pecadores, entonces Ellos, junto con el Padre, deben ser «el único Dios».

En cuanto a 1 Corintios 8:5-6, donde se dice que «… hay un solo Dios, el Padre…», debe observarse que «un solo Dios» se opone aquí al politeísmo de los gentiles, a los llamados dioses, que eran muchos. Además, no es llamado el Padre de Cristo, por lo que no debe ser considerado personalmente[38], sino esencialmente, como el único Dios, el Padre de los espíritus, el Formador y Creador de todas las cosas, de Cuya naturaleza ni el Hijo ni el Espíritu quedan excluidos. Además, si Jesucristo está excluido de este «un solo Dios, el Padre», entonces, por la misma regla de interpretación, «Dios, el Padre» debe estar excluido del «un solo Señor» {NBLA} que se dice de Jesucristo

---

[36] Véase la primera defensa de las preguntas hechas por el Dr. Waterland, p. 9.

[37] Nota de los traductores: 1 Corintios 6:11.

[38] Nota de los traductores: *personalmente* —Es decir, como la Persona de Dios el Padre.

en el mismo texto. Lo mismo puede decirse de Efesios 4:5-6 {NBLA}, y la misma respuesta puede darse a objeciones semejantes.

Tampoco se excluye a Cristo del «un solo Dios» en 1 Timoteo 2:5: «Porque hay un solo Dios, y también un solo mediador entre Dios y los hombres, Cristo Jesús hombre». Es cierto que se habla de Cristo en Su naturaleza inferior, como hombre; sin embargo, hay algunas cosas que se dicen de Él que prueban que es Dios. Si no fuera Dios, no podría ser Mediador entre Dios y los hombres; no podría acercarse a Dios y tratar con Él sobre la paz y la reconciliación de Su pueblo, y mucho menos obtenerlas o ser un rescate por ellos, como se dice que es en el versículo siguiente.

En cuanto a Gálatas 3:20, no lo considero una prueba explícita de la unidad de Dios, por eso lo he omitido en mi presentación de pruebas. En mi opinión, el significado de este texto es el siguiente: Un Mediador supone, al menos, dos partes, entre las cuales se realiza la mediación. «Ahora bien» —dice el apóstol— «un mediador no representa a uno solo, pero Dios es uno solo» {NBLA}; es decir, una sola parte. Así como Moisés (pues de él habla el apóstol) fue mediador entre Dios, por una parte, y el pueblo de Israel, por la otra, también Jesucristo es {el} Mediador entre Dios y Su pueblo elegido. Concluiré este discurso sobre la unidad de Dios con una frase atribuida a Ignacio: «Cualquiera que afirme {creer en} el solo y único Dios excluyendo con ello la divinidad de Cristo (y —añadiría— del Espíritu Santo)[39] es un difamador y un enemigo de toda *justicia*»[40].

---

[39] Nota de los traductores: Paréntesis añadidos por el presente autor.

[40] Πᾶς οὖν ὅστις ἵνα καὶ μόνον καταγγίλλει Θεὸν, ἐπ' ἀναιρέσει τῆς τοῦ Χριστοῦ θεότητος, ἐστὶ διάβολος, καὶ ἐχθρὸς πάσης δικαιοσύνης (Epístola atribuida a Ignacio, *Ad Antiochen* {trad. no oficial: *Epístola a los antioqueños*}, ed. Voss., p. 84).

Capítulo 2
Demostración de que hay pluralidad en la Divinidad

Después de haber demostrado en el capítulo anterior la unidad del Ser divino, o que no hay más que un solo Dios, procedo ahora a demostrar

II. Que hay una pluralidad en la Deidad

II.1. Elohim

En primer lugar, procederé a demostrarlo por la palabra plural *Elohim*, usada con tanta frecuencia cuando se habla del Ser divino, y en diferentes construcciones gramaticales, como son:

II.1.A. A veces se usa Elohim (plural) con un verbo en número gramatical singular

Como en Génesis 1:1: «En el principio creó Dios [Elohim] los cielos y la tierra». Puesto que aquí *Elohim* es una palabra en número gramatical plural y /bará/ (que se traduce «creó») es un verbo en número gramatical singular, muchos piensan que esta construcción gramatical tiene la intención de expresar la verdad de una pluralidad de Personas en la unidad de la esencia. Moisés podría haber hecho uso de algunos de los Nombres o apelativos de Dios en número gramatical singular; podría haber escrito /Jehová bará/ (creó Jehová), un Nombre con el que Dios se había dado a conocer a Moisés y, por medio de él, al pueblo de Israel; o podría haber utilizado Eloah, el singular de Elohim, que empleó en

Deuteronomio 32:15-16. Así que no se vio obligado a utilizar esta palabra plural por falta de apelativos singulares de Dios, ni por insuficiencia alguna en la lengua hebrea. Y cuando consideramos que uno de los propósitos de los escritos de Moisés es oponerse al politeísmo de los paganos y extirparlo, puede parecer bastante extraño que usara una palabra plural para hablar de Dios, lo cual podría tender a fortalecer su noción de una pluralidad de dioses. Ciertamente tampoco la habría empleado como lo hace (30 veces en este relato de la Creación, y tal vez 500 veces más en un tipo de construcción gramatical u otra en los cinco Libros escritos por él) si no hubiera tenido la intención de expresar algún tipo de pluralidad. Ahora bien, no puede referirse a una pluralidad de dioses porque es contrario a lo que afirma Deuteronomio 6:4: «Escucha, oh Israel, el SEÑOR es nuestro Dios, el SEÑOR uno es», ni a una pluralidad de Nombres o caracterizaciones a los que no se pueden atribuir poderes creadores, sino a una pluralidad de Personas, pues las palabras pueden ordenarse en una forma distributiva en perfecto acuerdo con el giro del idioma hebreo, y redactarse así: «En el principio creó cada una de las Personas divinas los cielos y la tierra»; y luego el historiador {Moisés} prosigue notando a algunas de estas Personas en lo que concierne a la Creación. Menciona al Espíritu de Dios que se movía sobre la superficie de las aguas en el versículo 2, algo que los judíos antiguos entendían como el Espíritu del Mesías;[1] y en el versículo 3 observa que «dijo Dios [es decir, Dios el Verbo]: Sea la luz. Y hubo luz».

II.1.B. *A veces se usa Elohim (plural) con un verbo en número gramatical plural*

De lo cual hay varios ejemplos, como Génesis 20:13: «Y sucedió que cuando (אתי אלהים התעו) [los Dioses] me hizo [me hicieron]

---

[1] *El Zohar* sobre Génesis, fol. 107, col. 3; y fol. 128, col. 3; *Bereshit Rabba*, secs. 2 y 8. *Vajikra Rabba*, sec. 14; *Caphtor*, fol. 113, col. 2; *Baal Hatturim* sobre Génesis.

salir errante de la casa de mi padre…». También Génesis 35:7: «Y [Jacob] edificó allí un altar, y llamó al lugar El-betel; porque allí (נגלו אליו האלהים) [los Dioses] se le había [se le habían] manifestado…». Lo mismo puede verse en 2 Samuel 7:23: «¿Y qué otra nación en la tierra es como tu pueblo Israel, al cual (הלכו אלהים) [los Dioses] viniste [vinieron] a redimir para ti [para Sí] como pueblo…». Ahora bien, como alguien ha observado correctamente:

> Aunque la construcción gramatical de un sustantivo en plural con un verbo en singular puede hacer que resulte dudoso para algunos si estas palabras expresan una pluralidad o no, ciertamente no puede haber duda en aquellos pasajes donde un verbo o adjetivo en plural está unido a la palabra *Elohim*.[2]

La pluralidad aquí expresada no puede ser una pluralidad de dioses, por la razón antes expuesta, ni de meros nombres y caracterizaciones, sino de Personas, porque a estos Elohim se atribuyen acciones personales, como el haber sacado a Abraham de la casa de su padre, su aparición a Jacob y su redención del pueblo de Israel.

II.1.C. *A veces se usa Elohim (plural) con adjetivos y participios en número gramatical plural*[3]

Como sucede en Deuteronomio 4:7 y 5:26, y en otros pasajes donde se menciona al Dios vivo y se expresa en plural חיים אלהים (los Dioses vivos), por ejemplo, en 2 Samuel 7:16, 26 y Génesis 31:36. Una construcción muy notable de este tipo la tenemos en Jeremías 10:10, donde se dice: «Pero el SEÑOR es el Dios verdadero; הוא אלהים חיים [Él es los Dioses vivientes]…»; expresando, a la vez, una pluralidad de Personas en el único Ser

---

[2] Allix, *The Judgment of the Ancient Jewish Church* {trad. no oficial: *La interpretación de la iglesia judía antigua…*}, p. 124.

[3] Nota de los traductores: En español los participios no expresan persona, género o número, pero en el hebreo sí expresan género y número.

divino. Otro texto de este tipo es Josué 24:19, donde Josué dice a los israelitas: «No podréis servir al SEÑOR, porque Él es Dios santo»; que en hebreo es אלהים קדשים הוא (los Dioses santos es Él), lo cual, según la construcción natural de las palabras, debería haber sido אלהים קדשים הם (los Dioses santos son Ellos), si la intención no hubiera sido revelar este misterio de una pluralidad en el único Dios. Por eso leemos acerca de más de un solo Santo en Proverbios 30:3: «Y no he aprendido sabiduría, ni tengo conocimiento קדשים [de los Santos]». Una vez más, en Salmos 58:11: «… ciertamente hay אלהים שפטים [Dioses] que [juzgan] en la tierra». Ahora bien, se dice que estos Elohim viven, son santos, están cerca del pueblo de Dios y juzgan en la tierra; todo lo cual son pronombres personales, por tanto, Aquellos a quienes pertenecen deben ser Personas.

Este es el primer tipo de prueba de una pluralidad en la Deidad. No comienzo con esto porque crea que es la prueba más clara y fuerte del punto, sino porque Elohim es uno de los Nombres de Dios, y uno de los más usados. Tampoco pongo el énfasis del argumento en la palabra *Elohim* en sí, sino porque aparece en construcciones gramaticales muy inusuales. Soy consciente de que esta palabra se usa para referirse a una sola Persona en la Deidad en Salmos 45:6-7. Y no es de extrañar que un Nombre que es común a las tres Personas divinas se atribuya propiamente a uno de Ellos; especialmente cuando se considera que cada Persona divina posee toda la esencia y naturaleza común a los tres. Sé que también se usa para referirse a Moisés, quien fue designado para ser para Aarón y el Faraón como Dios (o Elohim); y hay una buena razón para ello, porque ante ellos representó al Dios trino. Por lo tanto, de poco les sirve a los judíos objetarnos esto,[4] ni debería extrañarnos que los ídolos de los gentiles, a imitación del Dios

---

[4] *Vetus Nizzachon*, p. 4 (edición de Wagenseil).

verdadero, se llamen como Elohim; Cuyos Nombres y adoración Satanás se ha esforzado por imitar. De esta palabra *Elohim*, los judíos antiguos concluyeron que había no solo una pluralidad sino incluso una Trinidad; como es evidente por un pasaje en el libro de *El Zohar* donde el autor dice:

> Vengan y vean el misterio de la palabra *Elohim*: Hay tres דרגין (grados), y cada uno es distinto por sí mismo, a pesar de que todos son uno solo, y están unidos en uno solo, y uno no está dividido del otro.[5]

Esta es una descripción tan completa de la Trinidad que se pensaría que salió más de la boca de un cristiano que de la de un judío. Si un atanasiano tuviera que dar razón de su fe en la doctrina de la Trinidad, lo haría con un lenguaje muy parecido, excepto que en vez de «grado» usaría la palabra *Persona*. No obstante, encontramos que Tertuliano, un escritor cristiano antiguo, usa la palabra *grado* cuando habla de las Personas en la Trinidad, y llama al Espíritu Santo particularmente «el tercer grado».[6]

No he dicho nada de la palabra *Adonim* cuando se usa para referirse a Dios. Aunque a veces se emplea para referirse a una sola persona, se usa en segunda y tercera personas gramaticales en aras del honor, pero nunca en primera persona del plural, como se utiliza para referirse a Dios en Malaquías 1:6: «… si אדונים אני [yo soy señores], ¿dónde está mi temor?».

---

[5] *El Zohar* sobre Levítico, fol. 27, col. 2 (edición de Sultzbach); fol. 29 (edición de Cremon).

[6] Tres autem non statu, sed *gradu*; nec substantia, sed forma; nec potestate, sed specie; unius autem substantiae & unius status & unius potestatis; quia unus deus, ex quo & *Gradus* isti, & formae & species, in nomine patris & filii & spiritus sancti deputantur (Tertullian, *Adversus Praxeam*, sec. 2). «Hoc mihi & in *tertium gradum* dictum sit, quia spiritum non aliunde puto, quam a patre per filium (Tertullian, *Adversus Praxeam*, sec. 4).

II.2. Expresiones que se usan en plural para hablar del Ser divino en las Escrituras

Pero prosigo, en segundo lugar, para demostrar que hay una pluralidad en la Divinidad por algunas expresiones que se usan en plural para hablar del Ser divino en las Escrituras; y comenzaré con

II.2.A. Génesis 1:26

«Y dijo Dios: Haga*mos* al hombre a *nuestra* imagen, conforme a *nuestra* semejanza». El sufijo «-mos» y el pronombre «nuestra» expresan una pluralidad tan manifiestamente que quien no lo vea debe cerrar los ojos voluntariamente; pero, para que por ello no concluyamos que hay una pluralidad de dioses, las palabras «imagen» y «semejanza» se expresan en número gramatical singular; una pluralidad en la Deidad es totalmente coherente con la unidad de esencia. De esto deducimos que nada es más claro que el hecho de que más de Uno participó en la consulta sobre la formación del hombre y en dicha formación. De ahí las expresiones plurales que se emplean para referirse al Ser divino cuando es presentado como el Creador de los hombres, por ejemplo, en Job 35:10 («¿Dónde está Dios עשי [mi Hacedores]?»), Salmos 149:2 («Alégrese Israel בעשיו [en su Creadores]»), Eclesiastés 12:1 («Acuérdate, pues, de בוראיך [tu Creadores] en los días de tu juventud»), e Isaías 54:5 («Porque tu בעליך [Esposos son] עשיך [tu Hacedores], el SEÑOR de los ejércitos es su nombre»). Ahora bien, ¿qué razón puede darse para estas expresiones plurales si no hubo más de Uno involucrado en la creación del hombre?

Los judíos han intentado muchas cosas para evadir la fuerza de este texto.[7] A veces nos dicen que Dios consultó con las almas de los

---

[7] Véase Menasseh ben Israel, *The Conciliator…* {trad. no oficial: *El conciliador de Rabí Menasseh ben Israel: Una reconciliación de las aparentes contradicciones en la Santa Escritura*} sobre Génesis, preg. 6.

hombres y las causas secundarias, con los elementos, y particularmente con la tierra,[8] de la cual formó al hombre; y luego sopló en él el aliento de vida; de modo que, en lo que respecta a su cuerpo (que es del polvo de la tierra), fue hecho a imagen de la tierra; y en lo que respecta a su alma, a imagen de Dios; y que por eso se dice «a nuestra imagen», porque es en lo que respecta a ambas cosas. Pero esto es tan miserablemente insensato que no merece mayor atención.

Otros judíos dicen que la razón de esta expresión plural es que Dios consultó con Sus ángeles y les habló acerca de la Creación del hombre.[9] Pero debería observarse que los ángeles son criaturas, por lo tanto, no forman parte del consejo de Dios, porque «¿Quién guio al Espíritu del SEÑOR, o como consejero suyo le enseñó? ¿A quién pidió consejo…?»[10]. No a ninguna de Sus criaturas; no, ni al ángel más eminente del Cielo; ninguno de ellos está a Su altura, ni a la altura de la obra mencionada en el texto que estamos considerando. Son criaturas, por tanto, no pueden poseer poder creador, ni participaron en la creación del hombre, ni el hombre fue hecho a su imagen y semejanza.

Un tercer grupo de judíos[11] afirman que Dios habla aquí *regio more*, es decir, como los reyes, quienes en sus edictos, proclamas, etc., usan el número gramatical plural para expresar su dominio, honor y majestad. Pero debería considerarse que la razón por la que los reyes y príncipes usan expresiones plurales en sus edictos, proclamas, etc., es porque connotan a otras personas, pues los reyes actúan por consejo de sus ministros o consejeros privados. Además, esta forma áulica o cortesana de hablar no es tan antigua. No hay ni un solo ejemplo en las Escrituras en el que los reyes de Israel hablen de esta

---

[8] Por ejemplo, *Vetus Nizzachon*, p. 5; Lipman, *Carmen memorial*.

[9] *Bereshit Rabba*, sec. 8; Jarchi y Aben Ezra sobre Génesis 1:26.

[10] Isaías 40:13-14.

[11] R. Saadiah Gaon, en Aben Ezra sobre Génesis 1:26; R. Bechai sobre Génesis 1:26.

manera; ni tampoco en el que aquellos monarcas orgullosos, altaneros y arrogantes (Faraón, Nabucodonosor y Belsasar) usen el número gramatical plural cuando hablan solo de sí mismos. Los ejemplos que suelen presentarse son ajenos al propósito; y —como observa un judío erudito— son עדי שקר (testigos falsos).[12] Y como observa un eminente prelado: «Es una fantasía muy extravagante suponer que *Moisés* alude a una costumbre que [por lo que parece] no existía en aquel tiempo, ni existió hasta mucho tiempo después».[13]

El primer ejemplo de esta manera de hablar de los reyes se encuentra en las cartas de Artajerjes, rey de Persia, mencionadas en Esdras 4:18 y 7:23, y como es el indicio más antiguo de este modo de expresión, también debería observarse que aparece por primera vez en los últimos relatos que dan las Escrituras del Antiguo Testamento, que además es solo una prueba de este modo de hablar en *caldeo*, no en *hebreo*, y que probablemente surgió en la corte de Persia por la conjunción de Darío el Medo y Ciro el Persa en el gobierno del imperio. En nombre de ambos podían proclamarse edictos y decretos, y enviarse cartas. Esto pudo haber sido el motivo del primer uso de tales expresiones plurales {entre los reyes}, y sus sucesores podrían haberlas seguido usando para expresar su poder y gloria. Después de todo, los judíos son conscientes de que estas palabras proporcionan un argumento a favor de la pluralidad en la Deidad. Por eso en uno de sus comentarios antiguos sobre este pasaje {Gén. 1:26} dicen que cuando Moisés estaba escribiendo sobre las obras de los seis días {de la Creación} y llegó a este versículo, se detuvo y dijo: —*Señor del mundo, ¿por qué das pie a que los herejes abran la boca contra la verdad?* Y añaden que Dios le dijo: —*Sigue escribiendo; el que quiera errar, que erre.*[14] Ahora bien, este relato imaginario se urde a

---

[12] Aben Ezra sobre Génesis 1:26.

[13] Obispo Richard Kidder, *A Demonstration of the Messias* {trad. no oficial: *Demostración del Mesías*}, parte 3, p. 90, ed. Fol.

[14] *Bereshit Rabba*, sec. 8.

propósito para defenderse contra el argumento de los cristianos a favor de una pluralidad en la Divinidad fundamentado en este texto y expone suficientemente la percepción que tenían de la fuerza de dicho argumento y las convicciones que les producía este pasaje.

También nos dicen que cuando llegaron a este texto los 72 intérpretes que fueron empleados por Ptolomeo, rey de Egipto, para traducir la ley no vertieron נעשה (hagamos), sino como si fuera אעשה (haré); que habían hecho este cambio para que Ptolomeo no pensara que, como él, ellos sostenían una pluralidad de dioses;[15] y que por la misma razón hicieron el mismo cambio en otros pasajes donde se insinúa una pluralidad, como Génesis 11:7.[16] Y Filón el judío afirma que estas palabras declaran πλῆθος (una pluralidad)[17] y se refieren a otros como colaboradores de Dios en la Creación[18].

Hace poco un escritor nos dijo que puede entender

cómo puede decirse que Dios hizo esto, es decir, que hizo al hombre a Su imagen y semejanza, por medio de Su Verbo y Su Espíritu; porque actuó con esos Nombres respectivos en Su Cristo y por medio de Su santo Hijo Jesús.[19]

Que el Verbo y el Espíritu participaron con Dios en la creación del hombre es verdad, y es la verdadera razón de esta expresión plural,

---

[15] *Talmud Megilla*, fol. 9.1.

[16] *Talmud Megilla*, fol. 9.1. *Bereshit Rabba*, sec. 38.

[17] Εἶπε γὰρ, φησὶ, κύριος ὁ θεὸς ποιήσομεν ἄνθρωπον κατ᾽ εἰκόνα ἡμετέραν καὶ καθ᾽ ὁμοίωσεν, τοῦ ποιήσομεν πλῆθος ἐμφαίνοντος. (Filón, *De confusione linguarum* {título oficial: *La confusión de las lenguas*}, p. 344, edición paralela). Afirma lo mismo en su libro *De profugis* {título oficial: *Los fugitivos*}, p. 460. Nota de los traductores: Para traducir al español todos los fragmentos tomados de ambas fuentes nos guiamos por las ediciones citadas por el autor.

[18] Ὅτι εἶπεν ὁ θεὸς, ποιήσομεν ἄνθρωπον, ὅπερ ἐμφαίνει συμπαράληψιν ἑτέρων, ὡς ἂν συνεργῶν. (Filón, *De mundi opificio* {título oficial: *Sobre la creación del mundo según Moisés*}, p. 16). Nota de los traductores: Para traducir al español todos los fragmentos tomados de esta fuente nos guiamos por la edición citada por el autor.

[19] William Davis, *The great concern of Jew and Gentil*, p. 20.

pero Ellos no deben ser considerados solamente Nombres con los que Dios actuó, pues los meros Nombres y caracterizaciones no pueden ser consultados, ni se les pueden atribuir poderes creadores, ni tienen imagen y semejanza alguna a las que el hombre pudiera ser hecho. Estas palabras son una prueba manifiesta de una pluralidad de Personas divinas que eran iguales entre Sí y estaban a la altura de la obra de la creación del hombre, en la que participaron conjuntamente.

II.2.B. *Génesis 3:22*

Otro texto de las Escrituras que da testimonio de una pluralidad en la Deidad es Génesis 3:22: «Entonces el SEÑOR Dios dijo: He aquí, el hombre ha venido a ser como uno de nosotros…». Estas palabras no se dicen a los ángeles, como dicen los escritores judíos,[20] porque no son de la misma clase que Dios o la Deidad, ni son iguales a Él ni a la Deidad, como se dice que son Estos de los que se habla aquí en este pasaje. Si estas palabras se hubieran referido a los ángeles, dirían así: *el hombre ha venido a ser como uno de ustedes*. Las palabras de la serpiente a Eva determinan el significado de las palabras de este texto cuando le dice: «… seréis como Dios[es], conociendo el bien y el mal». Sea cual fuere el significado equívoco, ambiguo, falaz o engañoso que el diablo dio a estas palabras, lo cierto es que su intención fue que ella entendiera que se estaba refiriendo al Ser divino, y así lo entendió ella. El cebo que le tendió y que la atrapó no fue una igualdad a los ángeles, sino a Dios. Esto afectó a nuestros primeros padres, y esta fue su ruina.

Las palabras {en cuestión en Génesis 3:22} pueden considerarse una ironía o sarcasmo sobre la necedad y vanidad del hombre que se cree Deidad; es como si {Dios} hubiera dicho: —*He aquí, el hombre a quien Satanás prometió que sería como uno de nosotros, y que él mismo esperaba*

---

[20] *Bereshit Rabba*, sec. 21; Aben Ezra sobre Génesis 3:22.

ser como uno de nosotros. Miren cuánto se parece a Dios aquel que hasta hace poco se cubría de hojas de higuera y ahora está vestido con pieles de animales sacrificados y que, por su pecado, ha traído la ruina y la miseria sobre sí mismo y sobre toda su posteridad.

También {el texto que nos ocupa} puede considerarse una comparación del estado pasado y presente del hombre: —*He aquí, el hombre* היה *[era]*[21] *como uno de nosotros, es decir, fue hecho a nuestra imagen y semejanza; pero ha pecado y no alcanzó su antigua gloria; ha desfigurado esta imagen; no es como el hombre que era; y si ha hecho esto, ¿qué no hará?; cuidado ahora no vaya a extender su mano....*

Como quiera que se consideren estas palabras, prueban una pluralidad en la Deidad. Filón el judío reconoce que debe entenderse que esta frase se está refiriendo a más de uno.[22]

II.2.C. Génesis 11:7

Otro pasaje de la Escritura que expresa lo mismo es Génesis 11:7: «Vamos, bajemos y allí confundamos su lengua...». Esto no puede referirse a los ángeles en el sentido en que lo entienden los escritores judíos,[23] porque Dios nunca les habla así. Si hubiera hablado a los ángeles, habría sido en una forma como esta: —*Vayan, bajen y allí confundan su lengua.* Pero no habla así, sino que dice: «Vamos, bajemos...». Además, tal era la obra que había que hacer que ni los ángeles ni ninguna otra simple criatura podían hacerla. Solo el mismo Dios que dio al hombre la facultad de hablar y el uso de la lengua podía confundirlos. Hubo un despliegue de poder divino tan grande en la confusión del lenguaje

---

[21] Véase R. Abendana sobre Génesis 11:7.

[22] Καὶ πάλιν εἶπεν ὁ θεός, ἰδοὺ γέγονεν Ἀδάμ ὡς εἷς ἡμῶν, τοῦ γινώσκειν καλὸν, καί πονηρόν. Τὸ γὰρ ὡς εἷς ἡμων, οὐχ ἐφ' ἑνὸς, ἀλλ' ἐπὶ πλειόνων τίθεται. (Filón, *De confusione linguarum*, pp. 344-345).

[23] *Tárgum de Jonathan* y Aben Ezra sobre Génesis 11:7. Comentando este texto, Jarchi dice que Dios consultó con Su Cámara de juicio.

como lo hubo en el otorgamiento del don de lenguas a los apóstoles en el día de Pentecostés. No, esto no fue obra de ángeles, sino de las Personas divinas que son el único Jehová; de quien se dice en el versículo siguiente {Gén. 11:8} que dispersó a aquellas personas desde allí sobre la faz de toda la tierra. Filón el judío afirma que es evidente que Dios habla aquí a algunos como colaboradores Suyos.[24]

II.2.D. Isaías 6:8

Otro texto que podría presentarse como prueba de una pluralidad en la Deidad es Isaías 6:8: «Y oí la voz del Señor que decía: ¿A quién enviaré, y quién irá por nosotros? Entonces respondí: Heme aquí; envíame a mí». Estos {«nosotros»} no son los serafines de los versículos 2 y 3,[25] sino el Señor, quien dice: —*¿A quién enviaré Yo, Jehová, y quién irá por nosotros?* Ni el Nombre ni la obra son atribuibles a los ángeles. Ni el Nombre Jehová, porque es incomunicable a las criaturas; ni la obra, porque es el envío de ministros a predicar el evangelio; pues los ángeles mismos son «espíritus ministradores, enviados para servir por causa de los que heredarán la salvación»[26]. Estos son Personas divinas, y no son otros que el Padre, el Hijo y el Espíritu Santo. No hay duda de que se está hablando del Padre; ni es necesario dudar de que también se está hablando del Hijo, puesto que Cristo dice expresamente que estas palabras se refieren a Él mismo (Jua. 12:39-41), como dice el tárgum sobre este pasaje, que se refiere a la Palabra {o Verbo} del Señor. Tampoco debería haber dudas con respecto a que se refieren al Espíritu Santo en vista de que se aplican manifiestamente a Él en Hechos 28:25-26.

---

[24] Δεῦτε καί καταβάντες συγχεωμεν αὐτῶν τὴν γλῶτταν, φαίνεται γὰρ διαλεγόμενός τισιν, ὡς ἄν συιεργοῖς αὐτοῦ. (Filón, *De confusione linguarum,* p. 344).

[25] Así lo interpretan Kimchi y Aben Ezra sobre Isaías 6:8.

[26] Nota de los traductores: Hebreos 1:14.

II.2.E. Isaías 41:21-23

Hay un pasaje más en estas profecías de Isaías (41:21-23) que solo mencionaré:

> Presentad vuestra causa —dice el SEÑOR. Exponed vuestros fuertes argumentos —dice el Rey de Jacob. Que expongan y *nos* declaren lo que ha de suceder. En cuanto a los hechos anteriores, declarad lo que fueron, para que los considere*mos* y sepa*mos* su resultado, o bien, anunciad*nos* lo que ha de venir. Declarad lo que ha de venir después, para que sepa*mos* que vosotros sois dioses. Sí, haced algo bueno o malo, para que nos desalente*mos* y tema*mos* a una. (Énfasis añadido)

En estas palabras se manifiesta que el Señor, el Jehová, que es el rey de Jacob, prosigue hablando todo el tiempo en número gramatical plural reprendiendo a los dioses de los gentiles por su ignorancia e incapacidad. Estas son pruebas del Antiguo Testamento a las que algunos han añadido Cantares 1:11.

II.2.F. Juan 3:11

Ahora podría citar algunos pasajes del Nuevo Testamento que revelan una pluralidad en la Divinidad. Algunos han pensado que las palabras de nuestro Señor en Juan 3:11 son un indicio de ello, donde se puede pensar que nuestro Señor no usa el número gramatical plural por causa de Sus discípulos, quienes no estaban implicados en el diálogo Suyo con Nicodemo, sino con respecto al Padre y al Espíritu Santo; pues no estaba solo, sino que Ellos hablaban en Él y daban testimonio con Él.

II.2.G. Juan 14:23

Pero concluiré este tipo de prueba con Juan 14:23: «Respondió Jesús y le dijo: —Si alguno me ama, mi palabra guardará. Y mi Padre lo amará, y vendre*mos* a él y hare*mos* *nuestra* morada con él» {RVA 2015, énfasis añadido}. Que la intención aquí es referirse a más de una persona es algo seguro. Tampoco podemos tener temor de equivocarnos si decimos que se está haciendo referencia a dos personas y se dice quiénes son, porque se mencionan expresamente el Padre y nuestro Señor Jesucristo como Personas distintas con pronombres y acciones personales que se atribuyen a Ellos, como son: venir al hombre que ame a Cristo y hacer Su morada con él.

II.3. Pasajes de la Escritura que hablan de Jehová y del Ángel de Jehová

Pero prosigo, en tercer lugar, esforzándome por probar una pluralidad en la Deidad por los pasajes de la Escritura que hablan de Jehová y del Ángel de Jehová, del cual también se dice que es Jehová. Teniendo esto como base, mi argumento será el siguiente: Que si hay uno solo que es Jehová y envía y otro que también es Jehová y es enviado, entonces debe haber una pluralidad en la Divinidad. Veamos algunos ejemplos.

II.3.A. Génesis 16:7

El primer pasaje del que me ocuparé está en Génesis 16:7, donde leemos que un ángel del Señor encontró a Agar, la sierva de Sarai, en el desierto y le ordenó que volviera a su señora. Este ángel parece ser Jehová, porque en el versículo 10 le promete: «Multiplicaré de tal manera tu descendencia que no se podrá contar por su multitud», algo que ni un ángel creado ni ninguna otra simple criatura nunca podría realizar. Y para poner fuera de toda duda que este ángel del Señor era Jehová, en el versículo 13 se dice que ella «invocó el nombre del SEÑOR, que hablaba con ella, y dijo: —Tú eres un Dios que me ve» {RVA 2015}.

II.3.B. Génesis 18:1-2

Además, en Génesis 18:1-2 leemos que el Señor se apareció a Abraham en el encinar de Mamre, y que cuando alzó los ojos y miró, he aquí, tres hombres estaban parados frente a él, y eran ángeles, como se deduce por Génesis 19:1. Ahora bien, uno de ellos era el gran Jehová, lo que se hace evidente porque es llamado por el Nombre de Jehová (vv. 13, 20, 26 y muchos otros), por Su separación de los otros dos (v. 22), y por las obras de Jehová que se le atribuyen (vv. 14, 17); de hecho, refiriéndose a Él se dice: «El Juez de toda la tierra, ¿no hará justicia?» (v. 25). Y Abraham todo el tiempo le rinde la mayor deferencia y el más profundo respeto (vv. 27, 30-32). De modo que, en su conjunto, hay razón suficiente para concluir que uno de estos tres ángeles era Jehová.

El ángel del Señor que se apareció a Abraham cuando este iba a sacrificar a su hijo y le ordenó que desistiera de hacerlo (Gén. 22:11-12) no era otro que Jehová, pues le dijo: «porque ahora sé que temes a Dios, ya que no me has rehusado tu hijo, tu único». Ahora bien, fue por orden de Dios, y no de un ángel creado, que Abraham se dispuso a sacrificar a su hijo; fue al Señor Jehová a quien lo consagró y a quien iba a ofrecerlo en sacrificio, no a un ángel creado. Y puesto que el Señor mismo se le apareció tan oportunamente, llamó el nombre del lugar Jehová-jireh, es decir, *el Señor se verá*. Y de nuevo, por segunda vez, el mismo ángel del Señor lo llamó y le juró por Sí mismo, algo que ninguna criatura debería hacer, y prometió lo que ninguna criatura puede lograr, que de cierto lo bendeciría grandemente y que multiplicaría en gran manera su descendencia como las estrellas del cielo; todo lo cual el autor de la Epístola a los Hebreos atribuye al gran Dios (Heb. 6:13-14). De modo que podemos estar seguros de que el ángel del Señor que aquí habla habló en Su propio Nombre, y no ministerialmente en el de Aquel que lo envió.[27]

II.3.C. Génesis 48:16

El ángel mencionado en Génesis 48:16 no puede entenderse como creado, sino como increado. Está al mismo nivel que el Dios de

---

[27] Véase William Davis, *The great concern of Jew and Gentil*, p. 34.

Abraham e Isaac y se le atribuye un acto de poder y de bondad divinos tan grande como el que se atribuye al Dios ante el cual caminaron Abraham e Isaac. Así como alimentó a Jacob durante toda su vida, este ángel también lo rescató de todo mal. Es más, Jacob lo hace el objeto de sus súplicas y le pide una bendición como se la pediría a Dios sobre los muchachos, los hijos de José.

II.3.D. *Éxodo 3:2*

El ángel del Señor que se apareció a Moisés en la zarza (Éxo. 3:2) no era otro que Jehová, lo cual se deduce de los Nombres con que es llamado, a saber: «Jehová», «Dios», «el Dios de Abraham, el Dios de Isaac y el Dios de Jacob», «YO SOY EL QUE SOY» (vv. 4, 6, 13-15), y también por las obras y acciones divinas que se le atribuyen, como son: ver las aflicciones de los israelitas, oír sus clamores, descender para librarlos de mano de los egipcios y para sacarlos de aquella tierra a una tierra que manaba leche y miel.

II.3.E. *Éxodo 23:20*

Lo mismo puede decirse del ángel de Éxodo 23:20, a quien el Señor prometió enviar delante de Su pueblo Israel para guardarlos en el camino y los trajera al lugar que Él había preparado. Aquí les exige que lo obedezcan, que fueran prudentes y no se rebelaran contra él ni lo ofendieran, y les asegura que {este ángel} no perdonaría sus iniquidades, cosa de la que no habría sido necesario advertirles si se hubiera tratado de una criatura. Solo Dios puede perdonar pecados. Además, dice que Su Nombre estaba en él, es decir —como bien observa un escritor recientemente[28]— Su Nombre Jehová. Y si este Nombre está en él, lo cual es incomunicable para una criatura, entonces {este ángel} debe ser el Dios altísimo, el único que tiene por Nombre Jehová. Además, el apóstol Pablo nos ha asegurado que quien condujo

---

[28] Véase William Davis, *The great concern of Jew and Gentil*, p. 24.

y guio al pueblo de Israel por el desierto y contra quien allí se rebelaron fue Cristo, cuando dice: «Ni tentemos a Cristo, como algunos de ellos lo tentaron y perecieron por las serpientes» (1 Cor. 10:9).

II.3.F. *Zacarías 3:1-4*

También leemos de un ángel del Señor en Zacarías 3:1, quien no solo es llamado Jehová en el versículo 2, sino que también declara a Josué en el versículo 4 que había quitado de él su iniquidad y que lo vestiría de ropas de gala, cosa que solo el Dios Altísimo puede hacer, porque ¿quién puede quitar el pecado, perdonarlo, absolverlo, o vestirlo de una justicia justificadora sino Él?

Ahora bien, es fácil observar que en muchos de estos pasajes se exigía obediencia a este ángel, que se le invoca y representa como el objeto de culto y adoración, lo cual no sería así si no fuera el verdadero Jehová. El autor de {trad. no oficial} *La gran preocupación* parece ser consciente de esto y, por tanto, nos dice que este ángel personificaba a Jehová, tenía Su semejanza, y que, bajo aquella dispensación de sombras, al pueblo de Dios se le permitía adorarlo.[29] Pero hacer esto es una violación del mandamiento que dice: «"AL SEÑOR TU DIOS ADORARÁS, Y SOLO A ÉL SERVIRÁS"»[30], y ser culpable de lo que el apóstol condena en Colosenses 2:18, a saber, la adoración a ángeles. Como no tenemos ningún ejemplo de culto y adoración divinos dados a los ángeles, sino que, por el contrario, los ángeles son llamados a adorar al primogénito Hijo de Dios (Heb. 1:6), entonces, cuando se les ha hecho un ofrecimiento de este tipo, siempre lo han rechazado. Un ejemplo de ello lo tenemos en Apocalipsis 22:8-9. De hecho, este autor da a entender que, puesto que el Mesías (la sustancia) ha venido, no es correcto ni lícito adorar a los ángeles, como si el cambio de

---

[29] Véase William Davis, *The great concern of Jew and Gentil*, p. 25.
[30] Mateo 4:10 (RVR60).

dispensación cambiara de alguna manera el objeto de adoración. Desde la venida de Cristo algunas cosas han sido modificadas en cuanto a la forma externa o manera de adorar, pero el objeto de adoración es invariablemente el mismo. Aunque Dios pueda cambiar lo primero, no puede cambiar lo segundo sin negarse a Sí mismo.

Se espera de nosotros que reconciliemos estas apariciones de Jehová bajo el Antiguo Testamento con la invisibilidad de Dios.[31] Cuando nuestro Señor dice en Juan 1:18 {RVR60} que «[a] Dios nadie le vio jamás; el unigénito Hijo, que está en el seno del Padre, él le ha dado a conocer», se refiere a Dios el Padre, quien es distinguido explícitamente en el texto de Su unigénito Hijo. Y lo dice aún más claramente en Juan 5:37: «Y el Padre que me envió, ése ha dado testimonio de mí. Pero no habéis oído jamás su voz ni habéis visto su apariencia». Una regla {de interpretación} que creo que será válida es que siempre que se oyó alguna voz atribuida a Jehová bajo la dispensación del Antiguo Testamento, siempre debe entenderse, no del Padre, sino del Verbo; y siempre que se vio alguna forma visible, era la forma y figura de la naturaleza humana que el Λόγος o Verbo asumió como prenda y presagio de Su futura encarnación.

Además, que de una forma u otra Dios se aparezca algunas veces de manera singular o proporcione Su gracia y presencia singulares a Su pueblo no es de ninguna manera incoherente con la invisibilidad de Su naturaleza o esencia. Porque aunque Él es ese Dios «a quien ningún hombre ha visto ni puede ver»[32], es decir, Su naturaleza o esencia, hay un estado de gloria y perfección en el que los santos le verán como Él es[33].

---

[31] William Davis, *The great concern of Jew and Gentil*, p. 20.
[32] Nota de los traductores: 1 Timoteo 6:16.
[33] Nota de los traductores: 1 Juan 3:2.

Para concluir este encabezado, como ya he observado, mi argumento basado en estos pasajes de la Escritura es el siguiente: Si hay uno que es el verdadero Jehová que envía y hay otro distinto de Él que también es el verdadero Jehová enviado por Él, entonces debe haber más de uno que es Jehová y, por consiguiente, debe haber una pluralidad en la Deidad, que es lo que he tratado de probar.

II.4. Pasajes de la Escritura que hablan de dos que son distintos con el mismo Nombre de Jehová o Dios

Pero, en cuarto lugar, esto también se puede probar por los pasajes de las Escrituras que hablan de dos que son distintos con el mismo Nombre de Jehová o Dios. Solo mencionaré cuatro o cinco ejemplos de este tipo.

II.4.A. Génesis 19:24

En Génesis 19:24 se dice que «el SEÑOR [o Jehová] hizo llover sobre Sodoma y Gomorra azufre y fuego, de parte del SEÑOR [o Jehová] desde los cielos». Esta conflagración sobrenatural no fue hecha por el ministerio de los ángeles; pues dondequiera que se menciona (como en Jer. 50:40 y Amó. 4:11) se presenta como obra de Elohim, de cada una de las Personas divinas.

II.4.B. Salmos 45:6-7

En Salmos 45:6-7 se dice:

> Tu trono, oh Dios, es eterno y para siempre; cetro de equidad es el cetro de tu reino. Has amado la justicia y aborrecido la iniquidad; por tanto Dios, tu Dios, te ha ungido con óleo de alegría más que a tus compañeros.

II.4.C. *Jeremías 23:5-6*

Jeremías 23:5-6 es otro ejemplo de este tipo donde Jehová promete levantar a David un Renuevo justo, Cuyo nombre sería Jehová, justicia nuestra.

II.4.D. *Oseas 1:7*

Y para no añadir más, en Oseas 1:7 Jehová o el Señor Dios declara: «Pero me compadeceré de la casa de Judá y los salvaré por el SEÑOR su Dios», o —como lo parafrasea el tárgum— «por medio de la Palabra del SEÑOR su Dios».

Ahora bien, en todos estos pasajes es evidente que se habla de dos poseedores de perfecciones divinas que son distintos entre Sí. El que hizo llover fuego y azufre sobre Sodoma y Gomorra debe ser distinto de Aquel de parte de quien este fuego y azufre fue hecho llover, y debe ser de igual poder que Él. El que fue ungido con óleo de alegría o con el Espíritu Santo debe ser distinto de Aquel que lo ungió. El que unge y el ungido no pueden ser el mismo en todos los aspectos. Así también Jehová, quien levantó el Renuevo de David, debe ser distinto del Renuevo que fue levantado por Él. Y el que promete salvar a Su pueblo debe ser distinto de Aquel por medio de quien son salvos. Ahora bien, esta distinción debe ser nominal o real. No es nominal porque ambos tienen el mismo Nombre en todos estos pasajes. Por lo tanto, la distinción debe ser real; y si es real, debe ser esencial o personal. No es esencial porque no hay más que una sola naturaleza o esencia divina; de lo contrario, habría más de un Dios. Queda entonces que la distinción es personal. Por lo tanto, hay una pluralidad de Personas divinas en la Divinidad.

Hay un pasaje del que no me he ocupado en ninguno de los encabezados anteriores que parece expresar una pluralidad en la Deidad. Está en Daniel 4:17: «"Esta sentencia es por decreto de los vigilantes, y la orden es por decisión de los santos"». Estas palabras se atribuyen comúnmente a los ángeles. No niego que se les pueda llamar vigilantes y santos y que se pueda decir que declaran los decretos de Dios y son sus ejecutores; pero, entonces, estos decretos no son suyos. Nada se hace en este mundo como consecuencia de un decreto de los ángeles, y mucho menos un asunto de tanta importancia como este que se refería a una revolución tan extraña en la monarquía babilónica[34]. Además, este decreto es llamado «el decreto del Altísimo» en el versículo 24, de donde aprendemos quiénes eran estos vigilantes y santos. No son otros que las Personas divinas de la Deidad, que son Santos y velan sobre los santos para su bien, y sobre los impíos para traerles el mal. Son llamados Vigilantes y Santos para expresar una pluralidad en la Deidad, y son llamados el Altísimo aquí (v. 24) y el Vigilante y el Santo en el número gramatical singular (v. 13) para asegurar la unidad de esencia. Creo que este es el verdadero significado de estas palabras, y no soy el único que lo cree así[35].

Bueno, estas son algunas de las pruebas de la pluralidad en la Divinidad con las que nos equipan las Escrituras. Hay muchas más que podría haber citado, pero como también prueban una Trinidad, las he reservado para su lugar apropiado {en este tratado}.

---

[34] Nota de los traductores: *la monarquía babilónica* —El original dice *la monarquía siria*, pero el contexto deja claro que debe ser la babilónica.

[35] Véase la nota de L'Empereur en Jachiad sobre Oseas 1:7; y Allix, *The Judgment of the Ancient Jewish Church...*, pp. 152-153.

Capítulo 3
Hay una trinidad de Personas
en la unidad de la esencia divina

Habiendo demostrado en los capítulos anteriores que no hay más que un solo Dios pero que hay pluralidad en la Deidad, ahora procedo a demostrar

III. Que esta pluralidad no es ni más ni menos que tres, y que estos tres son: el Padre, el Verbo y el Espíritu Santo, o, en otras palabras, que hay una trinidad de Personas en la unidad de la esencia divina

La doctrina de una distinción real de tres Personas en un solo Dios es negada por los sabelianos, llamados así por Sabelio, quien vivió a mediados del siglo III y sostenía que no había más que un solo *subjectum, suppositum, hypostasis* o *persona* en la Divinidad. No fue él quien dijo esto por primera vez, pues, antes de él, Noeto afirmó enérgicamente que no había pluralidad en la Divinidad, que el Padre y el Hijo eran una sola Persona.[1] Los seguidores de Noeto fueron llamados noetianos, y a veces, patripasianos, porque, como consecuencia de dicha noción, sostenían que el Padre se encarnó, padeció y murió. De hecho, antes de Noeto, Práxeas[2], apoyado por

---

[1] Véase Agustín, *De Haeresibus ad Quodvultdeum liber unus* {título oficial: *Las herejías. Dedicado a Quodvultdeo. Libro único*}, sec. 36. Nota de los traductores: Para traducir al español todos los fragmentos tomados de esta fuente nos guiamos por la edición citada por el autor.

[2] Tertuliano, *De praescriptione haereticorum* {título oficial: *«Prescripciones» contra todas las herejías*}, sec. 53 {Nota de los traductores: Para traducir al español todos

Victorinus, era de una opinión bastante similar. Contra él escribió Tertuliano, quien llamó a sus seguidores monarquianos.[3] El mismo escritor cristiano nos dice que algunos catafrigios sostenían que Jesús era Hijo y Padre a la vez.[4] De hecho, uno de los principios atribuidos a Simón el Mago es que no sostenía más que una sola Persona en la Divinidad, y que el Padre, el Hijo y el Espíritu Santo eran solo diferentes nombres de una y la misma Persona según Su diferente forma de operar.[5] Simón el Mago dijo de sí mismo que era el Padre en Samaria, el Hijo en Judea y el Espíritu Santo en el resto de las naciones.[6] Parece haber recibido de los judíos su noción de la unidad en oposición a una trinidad de Personas en la Deidad. Para ese entonces, los judíos se habían convertido en unitarios, habiendo desechado su doctrina de la Trinidad antiguamente recibida en oposición a la deidad y mesiazgo de Jesucristo. No menciono estas cosas para hacer comparaciones odiosas ni aplicar calificativos injustos a las personas, sino para mostrar el surgimiento y avance de este error, no sea que alguien piense que ha obtenido nueva luz cuando solo ha abrazado un viejo y trasnochado error que ha sido refutado una y otra vez.

Los que se oponen a la doctrina de la Trinidad y a la distinción de Personas en esta no aceptan el uso de las palabras *trinidad, unidad, esencia* y *Persona* porque no aparecen literal y silábicamente en la Escritura. Pero como tenemos las cosas mismas que estas palabras significan, no veo por qué debemos dudar del uso de estas palabras.

---

los fragmentos tomados de esta fuente nos guiamos por la edición citada por el autor}; y *Adversus Praxeam*, secs. 1-2.

   [3] Tertuliano, *Adversus Praxeam*, sec. 10.

   [4] Tertuliano, *De praescriptione haereticorum*, sec. 52.

   [5] Véase Agustín, *De Haeresibus ad Quodvultdeum liber unus*, sec. 1, véase también en griego.

   [6] Véase Ireneo, *Adversus haereses* {título oficial: *Contra los herejes*}, Libro 1, sec. 23. Nota de los traductores: Para traducir al español todos los fragmentos tomados de esta fuente nos guiamos por la edición citada por el autor.

En cuanto a la palabra *trinidad*, aunque no aparece formalmente, su significado está expresado claramente en la Escritura, porque si hay tres que de una manera u otra son realmente distintos entre Sí pero son un solo Dios, no es necesario escrupulizar para decir que hay una trinidad en la Deidad.

Tampoco tenemos la palabra *unidad* en la Escritura; sin embargo, se nos dice que el Padre, el Verbo y el Espíritu Santo son uno, y que Cristo y Su Padre son uno. Ahora bien, si son uno, entonces hay una unidad, y esa es una razón suficiente para que hagamos uso de esta palabra.

La palabra *esencia* no se usa en la Escritura, pero se nos dice que Dios es el que es[7] (ὁ ὤν), que es y que era y que ha de venir; y si Dios *es*, entonces tiene una *esencia*. *Esencia* es aquello por lo cual una persona o cosa es lo que es; y en vista de que Dios *es*, se le puede atribuir *esencia* verdaderamente.

En cuanto a la palabra *Persona*, se usa en Hebreos 1:3 para hablar de Dios el Padre, donde se dice que Cristo es «el resplandor de su gloria y la expresión exacta de su [persona][8]». Realmente no hay consenso sobre si la palabra ὑπόστασις debe traducirse *sustancia* o *Persona*; solo observo que, cuando hablan de la Trinidad, los Padres griegos usan esta palabra en el mismo sentido en que nuestros traductores la han traducido como «[persona]» {KJV}.

Hay otra palabra de la que también hacen uso cuando hablan de las Personas en la Trinidad, y es πρόσωπον, que es usada por el apóstol cuando habla de Cristo en 2 Corintios 4:6, y nuestros traductores la traducen como «la faz de Jesucristo» {RVR60}. Estas palabras podrían traducirse como *la Persona de Cristo*; y fuera de esta

---

[7] Nota de los traductores: *Dios es el que es* —Por ejemplo, véase Éxodo 3:14: «YO SOY EL QUE SOY».

[8] Nota de los traductores: Corchetes añadidos para lograr mayor equivalencia con la traducción (KJV) citada por el autor.

traducción, el significado de las palabras no es muy fácil. Además, han traducido la misma palabra así en 2 Corintios 1:11, donde el contexto lo exige.

Justino Mártir usa esta palabra abundantemente en sus escritos, si es que se reconoce que {título oficial} *Exposición de la fe*[9] y {trad. no oficial} *Respuestas a los fieles ortodoxos sobre algunas preguntas necesarias*[10] fueron escritos por él, y la define como τρόπος ὑπάρξεως (un modo de subsistir en la esencia divina)[11]; y dice que hay τρία πρόσωπα (tres Personas en Dios)[12].

Poco después, Tertuliano, uno de los primeros escritores latinos, usa frecuentemente la palabra *persona*[13] y nos dice qué quiere decir con esta: «Llamo *Persona* a todo lo que es la sustancia del Verbo; y a eso le doy el nombre de *Hijo*; y al mismo tiempo que reconozco un Hijo, también sostengo una segunda {Persona que viene} del Padre».[14]

Desde entonces, el término *Persona* ha sido definido por Boecio como «una sustancia o subsistencia individual de naturaleza racional»[15]; y por otros, como «un Individuo que subsiste, es viviente,

---

[9] Nota de los traductores: El título original en latín es *Expositio Fidei*.

[10] Nota de los traductores: El título original en latín es *Quæstiones et Responsiones ad Orthodoxos*.

[11] ῞Οτι τὸ μὲν ἀγέννητον καὶ γεννητὸν καὶ ἐκπορευτὸν, οὐχ οὐσίας ὀνόματα, ἀλλὰ τρόποι τῆς ὑπάρξεως, ὁ δὲ τρόπος τῆς ὑπάρξεως, τοῖς ὀνόμασι χαρακτηρίζεται τούτοις. (Justino, *Expositio Fidei*, p. 373). Nota de los traductores: Para traducir al español todos los fragmentos tomados de esta fuente nos guiamos por la edición citada por el autor.

[12] Justino, *Expositio Fidei*, pp. 3, 6; y *Quæstiones et Responsiones ad Orthodoxos*, p. 401.

[13] Tertuliano, *Adversus Praxeam*, secs. 6-7, 11-14, 18.

[14] Quaccunque ergo substantia sermonis suit, illam dico personam, & illi nomen filii vindico, & dum filium agnoseo, secundum a patre defendo (Tertuliano, *Adversus Praxeam*, sec. 7).

[15] Persona est naturae rationalis individua substantia. Et, paulo post: Longe vero illi signatius naturae rationalis individuam subsistentiam, ὑποστάσεως

inteligente, incomunicable, que no es sostenido por otro ni es parte de otro».[16] Es un Individuo, por lo tanto, es algo singular; difiere de las naturalezas universales. Subsiste por Sí mismo, por tanto, no es un accidente, lo cual no subsiste por sí mismo, sino que es inherente a otro. Es viviente; por eso una piedra o cualquier otro ser inanimado no es una persona. Es inteligente o entiende; por lo tanto, un caballo o cualquier otra bestia no es una persona. Es incomunicable, por lo que se distingue de la esencia, que es comunicable a otros. No es sostenido por otro; por eso la naturaleza humana de Cristo no es Persona, porque es sostenida por la Persona del Verbo. No es parte de otro; por eso el alma humana no es Persona, porque es parte del hombre. En pocas palabras, digo junto con el Dr. Waterland: «Que cada Persona divina es un Agente inteligente individual. Pero como subsisten en una sola sustancia indivisa, Todos, en ese sentido, no son más que un solo Agente inteligente indiviso».[17] O como lo expresa en otra parte: «Una sola persona es un agente inteligente que tiene los pronombres distintivos de yo, tú, él y no se divide ni se distingue en más agentes inteligentes a los que pueden atribuirse los mismos pronombres».[18]

Ahora bien, según cualquiera de estas definiciones, podemos argumentar así: Una persona es un individuo que subsiste, vive, entiende, etc.; pero así es el Padre, por tanto, es una Persona; así es

---

nomine, vocaverunt (Boecio, *De persona et duabus naturis* {título oficial: *Sobre la Persona y las dos naturalezas*}, cap. 3). Nota de los traductores: Para traducir al español todos los fragmentos tomados de esta fuente nos guiamos por la edición citada por el autor.

[16] Véase Wendelin, *Christian Theology* {trad. no oficial: *Teología cristiana*}, Libro 1, cap. 2, sobre Tesalonicenses 2, pp. 93-94; y Andreæ Essenii, *Systematis theologici pars prior* {trad. no oficial: *Teología Sistemática*}, parte 1, polémica 16, p. 140.

[17] Véase la primera defensa de las preguntas hechas por el Dr. Waterland, p. 350.

[18] Véase la segunda defensa de las preguntas hechas por el Dr. Waterland, p. 766.

el Hijo, por tanto, es una Persona; así es el Espíritu Santo, y, por tanto, es una Persona.

Por todo lo anterior, no parece haber razón para dejar de lado el uso de esta palabra. Sin embargo, no estoy tan apegado a esta que no pueda dejarla de usar siempre que se sustituya por una palabra más apta y adecuada con la cual se mantenga una distinción real en la Deidad. Pero sería una debilidad evidente dejarla de usar sin sustituirla por otra palabra mejor, aunque es difícil cambiar las palabras en un artículo {de la fe} tan importante como este sin cambiar su significado.

Una regla válida en muchos casos es *Qui fingit nova verba, nova gignit dogmata* (el que acuña nuevas palabras, acuña nuevas doctrinas). Si aquellos a quienes disgusta el uso de la palabra *Persona* piensan que es una disminución o menoscabo de la gloria de los Tres eternos llamarlos Personas, debe ser diez mil veces más disminución o menoscabo de Su gloria reducirlos a meros nombres y caracterizaciones. Por tanto, jamás nos preocuparemos de cambiar *Personas* por *nombres y caracterizaciones respectivos*. Si no podemos hablar de Dios como se debería hablar de Él, hablemos de Dios como podamos. Si no podemos hablar con el lenguaje de los ángeles, hablemos como hombres, de la mejor y más apropiada manera que seamos capaces. Rechazar el uso de frases humanas porque no son expresadas formalmente en la Escritura es —como observa el Dr. Owen—

negar toda interpretación de la Escritura, todos los esfuerzos por expresar el significado de sus palabras para comprendernos mutuamente; lo cual, en pocas palabras, es hacer la Escritura misma completamente inútil. Porque si me es ilícito hablar o escribir lo que concibo que es el significado de las palabras de la Escritura y la naturaleza de la cosa significada y expresada por esta, también me es ilícito pensar o concebir en mi mente el significado de las palabras o la naturaleza de las cosas. O sea, es convertirnos en bestias y frustrar todo el propósito de Dios al darnos el gran privilegio de Su Palabra.[19]

Habiendo sentado estas premisas, procederé a probar la doctrina de una trinidad de Personas en un solo Dios. Siendo esta una doctrina de pura revelación, no puede esperarse que sea demostrada por argumentos tomados de la razón de las cosas, y tampoco trataré de ilustrarla con semejanzas naturales, que han sido consideradas por algunos como ventajosas.[20] Por ejemplo, ilustran esta doctrina con el alma del hombre, que consiste en la mente, la comprensión y la voluntad; los cuales son tan distintos entre sí que la una no es la otra, pero son todas una sola alma. También la ilustran con el Sol, sus rayos y su luz, que no son más que un solo Sol. Usan además la ilustración del manantial, la fuente y los arroyos, que no son más que una sola agua. Sin embargo, al descartar esto, procederé a probar esta doctrina con testimonios de las Escrituras, del Antiguo y del Nuevo Testamento. Y comenzaré, en primer lugar, con

III.1. La Creación de todas las cosas en general

Anteriormente me centré en probar una pluralidad en la Divinidad basándome en la Creación de todas las cosas en general, y ahora procederé a establecer una trinidad de Personas en la Divinidad.

No necesito insistir mucho para probar la participación del Padre en la Creación de todas las cosas, puesto que se dice que Él es «creador de todas las cosas» por medio de Jesucristo[21], y que por medio de Él, Su Hijo, «hizo [...] el universo». Los apóstoles se dirigieron a Él como el Señor que hizo «el cielo y la tierra, el mar y todo lo que en ellos hay»,[22] contra Cuyo Cristo y santo Hijo Jesús «se

---

[19] John Owen, *A Brief Declaration and Vindication of The Doctrine of the Trinity* {trad. no oficial: *Breve declaración y reivindicación de la doctrina de la Trinidad*}, p. 21.

[20] Véase Philippe de Mornay, *De la verité de la religion chrestienne*, cap. 5.

[21] Efesios 3:9; Hebreos 1:2.

[22] Hechos 4:24, 26-27 {RVR60}.

unieron […] Herodes y Poncio Pilato, con los gentiles y el pueblo de Israel».

No hay por qué dudar de la participación del Verbo o segunda Persona en esta gran obra, pues Juan el evangelista dice del Verbo que, en el principio, «estaba con Dios, y […] era Dios», que «[t]odas las cosas fueron hechas por medio de Él, y sin Él nada de lo que ha sido hecho, fue hecho».[23] Fue Él, el Verbo, quien tantas veces dijo: «Sea…», y hubo.

Y en cuanto al Espíritu Santo, fue Él quien se movió «sobre la superficie de las aguas» y llevó el caos brutal y confuso a un orden hermoso. Con Su Espíritu, el Señor «adornó los cielos; Su mano creó la serpiente tortuosa».[24] Cuando envió Su Espíritu, todas Sus criaturas fueron creadas; y por medio de Él, la faz de la tierra es renovada cada primavera, lo cual es poco menos que una nueva Creación.

Además, encontrarás a estos tres mencionados juntos como Participantes en la gran obra de la Creación: «Por la palabra del SEÑOR fueron hechos los cielos, y todo su ejército por el aliento de su boca».[25] Aquí, por «el SEÑOR», se entiende Dios el Padre;[26] y por Su «palabra», el Λόγος o Verbo que estaba con Él desde la eternidad; y por «el aliento [o espíritu] de su boca», el Espíritu Santo. Ahora bien, he aquí tres que estaban involucrados manifiestamente en la producción de la existencia de todas las criaturas. No se puede descartar a ninguno de Ellos ni se les puede añadir un cuarto. Queda,

---

[23] Juan 1:3.

[24] Job 26:13 {RVR60}; Salmos 104:30.

[25] Salmos 33:6.

[26] Dicendo enim, *Verbo*, filium declarari; adjungendo Domini patrem & *spiritu oris ejus*, utique spiritum sanctum intelligi, qui ante tempora de patre processit, & ut in tribus personis manifesta intelligeretur trinitas, *ejus* dictum esse non *Eorum* (Casiodoro sobre Salmos 33:6).

pues, que hay una Trinidad en la Divinidad. Esto también se deduce de

III.2. La creación del hombre en particular

En la creación del hombre en particular es fácil observar {la participación} de una pluralidad, pero de una pluralidad que es una Trinidad.

Si Dios el Padre hizo el cielo, la tierra, el mar, y todo lo que en ellos hay, entonces debió haber hecho al hombre el principal habitante del mundo inferior.

Y si sin el Verbo nada de lo que ha sido hecho, fue hecho, entonces, sin Él no fue hecho el hombre, pues el hombre fue hecho. Además, Cristo, el Verbo, es llamado el Señor nuestro Hacedor:

> Venid, adoremos y postrémonos; doblemos la rodilla ante el SEÑOR nuestro Hacedor. Porque Él es nuestro Dios, y nosotros el pueblo de su prado y las ovejas de su mano. Si oís hoy su voz, no endurezcáis vuestro corazón como en Meriba, como en el día de Masah en el desierto.[27]

El autor de la Epístola a los Hebreos aplica estas palabras a Cristo explícitamente.[28] En Su mano están todos los elegidos de Dios, quienes pueden ser llamados verdaderamente el pueblo de Su prado y las ovejas de Su mano; pues están bajo Su cuidado y custodia, y constantemente son alimentados y preservados por Él. A nadie puede atribuirse tan propiamente como a Cristo aquellas palabras de la profecía de Isaías: «Porque tu esposo es tu Hacedor [...]; y tu Redentor es el Santo de Israel»,[29] puesto que Él es, en un sentido peculiar, el Esposo y Redentor de Su pueblo.

---

[27] Salmos 95:6-8.

[28] Hebreos 3:6-8.

[29] Isaías 54:5.

En cuanto al Espíritu Santo, Eliú dijo expresamente de Él: «El Espíritu de Dios me ha hecho, y el aliento del Todopoderoso me da vida».[30]

Por todo lo anterior es tan evidente que hubo una pluralidad en la formación del hombre como que esta pluralidad no fue ni más ni menos que tres, que son el Padre, el Verbo y el Espíritu, y que los tres no son más que un solo Dios, pues «¿[n]o tenemos todos un mismo padre? ¿No nos ha creado un mismo Dios?».[31]

III.3. Isaías 63:7, 9-11, 14

En el relato que se hace de la liberación del pueblo de Israel de Egipto y su protección y guía a través del desierto en Isaías 63:7, 9-11, 14 hay un claro testimonio de una trinidad de Personas en la Deidad. Aquí se mencionan claramente a tres, y a Ellos se atribuyen distintos Nombres y acciones personales.

En primer lugar, está el Señor, Jehová el Padre, Cuyas misericordias y bondades para con la casa de Israel se mencionan en el versículo 7, y en el versículo 8 se dice que ellos son Su pueblo y que Él es su Salvador. Además de Él, en el versículo 9 se menciona al «ángel de su presencia» como {un Ser} distinto de Él, quien también mostró al pueblo de Israel gran amor, piedad y compasión; y como consecuencia de ello, los salvó, los redimió, los levantó y los sostuvo todos los días de antaño. Nada de esto puede decirse de un ángel creado ni es aplicable a meros nombres y caracterizaciones. Y luego, en los versículos 10-11 y 14, se presenta al Espíritu Santo, no como un mero nombre o caracterización, sino como una Persona divina distinta, contra quien los israelitas se rebelaron y a quien entristecieron, hasta el punto de que se convirtió en su enemigo y peleó contra ellos. Sin

---

[30] Job 33:4.
[31] Malaquías 2:10.

embargo, aunque así lo provocaron, los condujo y los hizo descansar, para hacerse un Nombre glorioso.

III.4. El Pacto de Gracia

Esta verdad puede confirmarse aún más considerando el Pacto de Gracia, en el cual participan manifiestamente las tres Personas. El Padre hizo el pacto, el Hijo se ha convertido en su Fiador, Mediador y Mensajero, y el Espíritu de Dios permanece como Testigo y para ver que todos los artículos acordados entre el Padre y el Hijo se cumplan por ambas partes.

La parte del Padre era llenar el pacto de toda bendición espiritual y promesa adecuada. La parte del Hijo era recibirlas todas en nombre y beneficio de todos los elegidos. Y la parte del Espíritu es aplicarlas todas, en el tiempo señalado, a la simiente prometida. Todos Ellos se mencionan claramente en Hageo 2:4-5, donde el Señor, por medio del profeta, exhorta a Zorobabel y a Josué, sumo sacerdote, y a todo el pueblo de la tierra a esforzarse y trabajar en la reconstrucción del templo. Y para animarlos, añade:

> «porque yo estoy con vosotros» —declara el Señor de los ejércitos, *cum verbo, quo pepigeram vobiscum* (con el Verbo, en quien pacté con ustedes [como Junius interpreta el texto])[32] cuando salisteis de Egipto; mi Espíritu permanece en medio de vosotros; no temáis».

Aquí se puede observar que está Jehová, el Señor de los ejércitos, la primera Persona, quien promete estar con ellos, junto con el Verbo, la segunda Persona, en quien pactó con ellos cuando salieron de Egipto; momento en el cual agradó a Dios revelar más ampliamente que antes el pacto de Su gracia que había hecho con Su Verbo desde la eternidad. Y después está aquí el Espíritu de Dios, la tercera Persona, que permanecía עמדת de pie, permaneciendo y habitando en medio de ellos, para ver que hubiera un

---

[32] William Davis, *The great concern of Jew and Gentil*, pp. 30-32.

cumplimiento y aplicar todo lo que Jehová y Su Verbo habían pactado y acordado.

Pero antes de proseguir, consideraré brevemente las nociones de un escritor reciente acerca del pacto, quien parece ser consciente de que la noción común que ve el Pacto de Gracia como un acuerdo o pacto por estipulación entre, por lo menos, dos partes proporcionará un argumento a favor de una distinción de Personas en la Divinidad, lo cual no está dispuesto a admitir.

Paso por alto su error de llamar pacto de paz a lo que se encuentra en Zacarías 6:13, pues esto es solo un consejo de paz y no tiene referencia a ninguna transacción eterna entre Dios y el Cordero, porque la transacción tuvo lugar en la eternidad pasada, pero esto, independientemente de lo que signifique, era futuro, estaba por venir cuando fue dada la profecía. El texto no dice que hubo, sino que habrá concilio de paz entre ambos. Es totalmente cierto que hubo una transacción eterna entre Dios y Cristo que puede llamarse «concilio de paz», porque concernía a la paz y la reconciliación de los elegidos de Dios; y tal vez en alusión a este texto es llamado así por los teólogos; pero esto en sí no es lo que puede entenderse de esta frase, sino otra cosa, a saber, la paz que habría entre judíos y gentiles como consecuencia de la paz hecha por medio de la sangre de Cristo y de la predicación de Cristo a ambos por parte de Sus apóstoles.

Pero prosigamos. Este autor nos dice que por *el pacto* «no debemos entender "estrechar la mano" como algunos hombres hablan audazmente, como si el Padre se hubiera propuesto poner condiciones al Verbo, condiciones que Él cumplió en favor de los pecadores».

En cuanto a la frase «estrechar la mano», se usa entre los hombres para expresar un acuerdo mutuo; y así se usa en la Escritura (Job 17:3 {RVA 2015}; Pro. 6:1 {RVA 2015}; y 22:26 {RVA 2015}). Y cuando los teólogos la han usado para referirse al pacto y la participación de Cristo en este, solo han querido expresar con dichas palabras los compromisos de fianza asumidos por Cristo y el acuerdo mutuo entre el Padre y Él con respecto a los elegidos.

Esta expresión figurada tampoco tiene por qué considerarse atrevida, pues el acto que significa fue realizado por Alguien que no tuvo por usurpación ser igual a Dios.[33]

Además, el Padre sí se propuso poner condiciones o cosas bajo condición al Verbo. Por ejemplo, a condición de que se entregara «a sí mismo como ofrenda de expiación», se propuso que el Verbo viera a Su descendencia, prolongara Sus días, y que la voluntad del Señor prosperara en Su mano; que, debido a la angustia de Su alma, lo viera y quedara satisfecho, y que por Su conocimiento justificara a muchos. Se propuso darle una gran recompensa y prometió que tendría parte con los grandes, y que con los fuertes repartiría despojos, a condición de que derramara Su alma hasta la muerte y con los transgresores fuese contado, llevando el pecado de muchos, e intercediendo por los transgresores.[34] Y con todo esto cumplió el Verbo o Hijo de Dios, y dijo: «… He aquí, vengo; en el rollo del libro está escrito de mí; me deleito en hacer tu voluntad, Dios mío; tu ley está dentro de mi corazón».[35]

Con el fin de eliminar del pacto la noción de acuerdo por estipulación, este autor prosigue diciéndonos que la palabra *pacto* se usa para dar a entender una promesa; y como prueba de ello cita Gálatas 3:15-17. Ahora bien, concediendo que el Pacto de Gracia es una promesa de vida eterna a los elegidos de Dios, debe observarse que dicha promesa fue hecha antes de que el mundo existiera; por tanto, no pudo ser hecha a los elegidos personalmente como criaturas que ya existían, sino que debió haber sido hecha a Cristo con

---

[33] Nota de los traductores: Filipenses 2:6 (RV-SBT).

[34] Isaías 53:10-12. Nota de los traductores: Debido a un error de referencia, el libro original dice Isaías 52:10-12.

[35] Salmos 40:7-8.

respecto a ellos, en Cuyas manos fue puesta ciertamente. Por eso leemos de «la promesa de vida en Cristo Jesús»[36].

Así que el argumento a favor de la distinción de Personas es igualmente fuerte, ya sea que se interprete como una promesa o como el pacto. Porque si el Padre hizo una promesa al Verbo, el Verbo, a quien se hace esta promesa, debe ser distinto de Aquel que la hace. Y al final dicho autor se ve obligado a reconocer que el «pacto seguro y eterno es hecho por nuestro Dios con su Cristo, y en él y con respecto a él, con su pueblo»; y, en esencia, esto es lo que dicen los teólogos acerca del pacto.

III.5. La economía de la salvación del hombre

La doctrina de una trinidad de Personas en la Divinidad puede aprenderse de la economía de la salvación del hombre, en la que el Padre, el Verbo y el Espíritu están implicados y toman, por acuerdo, Sus distintas partes. Así encontramos en la Escritura que la elección se atribuye de una manera más peculiar al Padre, la redención, al Hijo, y la santificación, al Espíritu. Y nos encontramos con todos Ellos en un mismo versículo: «elegidos según la presciencia de Dios Padre en santificación del Espíritu, para obedecer y ser rociados con la sangre de Jesucristo…».[37] Pero en ningún lugar se atribuyen esos actos de la gracia divina más claramente a cada Persona que en el primer capítulo de la Epístola a los Efesios, donde se dice en los versículos 3-6 que el Dios y Padre de Jesucristo bendice a Su pueblo con toda bendición espiritual en Cristo, según los escogió en Él antes de la fundación del mundo; que los predestinó para adopción como hijos mediante Jesucristo; y que los hizo aceptos en el Amado[38]. Después de lo cual, en el versículo 7, se habla de Jesucristo como el

---

36 2 Timoteo 1:1.

37 1 Pedro 1:2 {RVR60}.

38 Nota de los traductores: Véase Efesios 1:6 (RVR60).

Autor de la redención, en quien los santos tienen el perdón de sus pecados y una justicia justificadora por la cual vienen a tener derecho a la herencia gloriosa (v. 11). Y luego, en los versículos 13 y 14 se menciona al Espíritu Santo, distinguiéndolo del Padre y de Cristo, como la garantía de esta herencia, por quien son sellados los creyentes hasta que lleguen a poseerla plena y consumadamente.

III.6. Isaías 48:16

El Señor Jesucristo fue enviado en la plenitud del tiempo para obrar la salvación de Su pueblo, y el relato de Su misión para esta obra en Isaías 48:16 («Y ahora me ha enviado el Señor DIOS, y su Espíritu») es una prueba clara de tres Personas distintas en la Deidad. La única dificultad para determinar el significado de estas palabras radica en averiguar quién es la persona que se dice que es enviada por el Señor y Su Espíritu. Y que aquí se está refiriendo a una Persona divina, y no al profeta Isaías —como algunos piensan—, será evidente por el contexto.

El que habla aquí y dice: «Desde el principio no he hablado en secreto, desde el momento en que sucedió, allí estaba yo. Y ahora me ha enviado el Señor DIOS, y su Espíritu», no es otro que Aquel que en los versículos 12 y 13 dice de Él mismo: «Yo soy, yo soy el primero y también soy el último. Ciertamente mi mano fundó la tierra, y mi diestra extendió los cielos». Y esta misma Persona continúa hablando en los versículos 14 y 15 hasta llegar a las palabras que estamos considerando.

Esto evidencia que se trata de una Persona divina, el poderoso Jehová, el Verbo de Dios, de quien aquí se dice que fue enviado por Su Padre y por el Espíritu, que no son otros dos nombres y caracterizaciones de una sola y la misma Persona, porque entonces el significado de las palabras sería: *Y ahora Yo y Yo mismo me he enviado a Mí mismo*, lo cual no tiene ningún sentido.

III.7. Lucas 1:32, 35

El Hijo de Dios, enviado en la plenitud del tiempo para redimir a Su pueblo, nació de mujer. Dios fue manifestado en la carne, el Verbo divino se encarnó, ocasión en la cual aparecen las tres Personas, aunque solo uno de Ellos se hizo carne y habitó entre nosotros. Se hace mención de los tres en la noticia de la encarnación que el ángel dio a María en Lucas 1:32, 35, donde leemos del Altísimo (es decir, el Padre, quien es el Dios altísimo), y del Hijo del Altísimo (que es el Señor Jesucristo, quien se hizo carne de la virgen), y del Espíritu Santo o poder del Altísimo, a Cuya influencia que vino cubriendo con Su sombra se debe la misteriosa encarnación.

III.8. El ungimiento de Cristo para Su oficio de Mediador

Después de haber sido enviado y haber unido una naturaleza humana a Su Persona divina, Cristo fue ungido por y con el Espíritu Santo; por lo cual fue hecho apto y cualificado para su oficio de Mediador. Esto se expresa proféticamente en Isaías 61:1:[39] «El Espíritu del Señor DIOS está sobre mí, porque me ha ungido el SEÑOR…», donde es fácil observar tres Personas divinas: El que unge es el Espíritu del Señor; el Ungido es el Mesías, el Verbo, el Señor Jesucristo; y además de Ellos, aquí está el Señor o Jehová por Cuyo Espíritu fue ungido {Cristo}. Algo muy similar ocurre con Isaías 42:1. Bajo este encabezado puede deducirse muy correctamente la unción y sellamiento de los creyentes con Cristo, lo cual se relata en 2 Corintios 1:21-22: «Ahora bien, el que nos confirma con vosotros en Cristo y el que nos ungió, es Dios, quien también nos selló y nos dio el Espíritu en nuestro corazón como garantía». Aquí Dios el Padre es considerado el que confirma y unge; y Jesucristo, una Persona distinta, en quien los santos fueron

---

[39] Isaías 61:1. Nota de los traductores: Debido a un error de referencia, el libro original dice Isaías 63:1.

confirmados y ungidos; y el Espíritu, como otra Persona distinta de Ellos dos, como la garantía de la gloria futura de los santos.

III.9. El bautismo de Cristo

Cuando Cristo, el Verbo, hecho carne y habitando entre los hombres, tenía unos 30 años, fue bautizado por Juan en el Jordán. En aquel momento descendió el Espíritu Santo como una paloma y se posó sobre Él; y se oyó una voz de los cielos que decía: «Este es mi Hijo amado en quien me he complacido»[40]. Aquí estaba el Hijo de Dios sometiéndose a la ordenanza del bautismo; el Padre, con una voz, declarando que Él era Su Hijo; y el Espíritu de Dios descendiendo sobre Jesús como una paloma. Esto se ha considerado una prueba tan completa de la trinidad de Personas en la Divinidad que un dicho común entre los antiguos decía: «Ve al Jordán y aprende allí la doctrina de la Trinidad».

Recientemente un escritor[41] pareció insinuar que esta prueba es insuficiente y que no fue la voz del Padre la que se oyó, puesto que nuestro Señor ha dicho: «Y el Padre que me envió, ése ha dado testimonio de mí. Pero no habéis oído jamás su voz ni habéis visto su apariencia»[42]. El significado de estas palabras es el siguiente: Aunque la apariencia del Padre nunca se vio ni Su voz se oyó bajo la dispensación del Antiguo Testamento, sino que solo se vio y se oyó al Verbo, quien iba a encarnarse, aun así, el Padre, con una voz de los cielos, dio testimonio de la filiación de Cristo. Por lo tanto, los judíos eran los que menos excusas tenían para no creer en Él, ya que el Padre, de una manera tan peculiar que nunca había usado antes, dio testimonio de Él.

Dicho autor trata de apoyar su hipótesis en un texto de Juan 12:28-29, donde, al oír una voz del Cielo, algunos de los que

---

[40] Mateo 3:16-17.

[41] William Davis, *The great concern of Jew and Gentil*, pp. 58-59.

[42] Juan 5:37.

estaban allí dijeron que había tronado; otros dijeron que un ángel le había hablado. Por eso este escritor observó:

> … no dudo que muchos entre nosotros que profesan ser discípulos de Cristo pensarían que ambas percepciones de los judíos estaban igualmente equivocadas aunque nuestro Señor mismo no lo hubiera determinado así.

Y debo tomarme la libertad de responder a lo dicho por este autor que muchos sí piensan, y muy justificadamente, que ambas percepciones de los judíos estaban igualmente equivocadas, y esto, porque nuestro Señor mismo ha determinado (v. 28) que era la voz de Su Padre. No fue un ángel quien habló ni fue la voz de un ángel la que se oyó en Su bautismo, como tampoco fue un ángel quien habló ni fue la voz de un ángel la que se oyó en Su transfiguración, cuando «recibió de Dios Padre honra y gloria, le fue enviada desde la magnífica gloria una voz que decía: Este es mi Hijo amado, en el cual tengo complacencia».[43]

El mismo escritor insinúa que no fue la apariencia del Espíritu Santo la que se vio en el bautismo de Cristo, porque el Espíritu Santo es invisible, sino que esta apariencia era ministerial; y da —lo que según él es— un ejemplo paralelo en el Libro del Apocalipsis, donde —supone que— un ángel creado apareció con la apariencia de Cristo, y en Su Nombre, dijo: «Yo soy el Alfa y la Omega…».

Entiendo que esto es un error muy grave, porque el ángel por el cual Cristo dio a conocer el Apocalipsis a Juan no es el mismo Ser que Juan vio en la visión en medio de los candelabros de oro y que dijo las palabras citadas anteriormente. No es usual que los mensajeros, embajadores o legados digan que son las mismas personas que aquellas por quienes son enviados; ni un ángel creado podría decir sin cometer blasfemia que él es el primero y el último, algo peculiar del Dios Altísimo.

---

[43] 2 Pedro 1:17 {RVR60}.

En fin, entiendo que la voz que se oyó en el bautismo de Cristo fue una voz articulada formada por Dios, que no fue la voz de un ángel, ni la voz del Hijo, ni la del Espíritu, sino solo la del Padre; y que la apariencia que se vio no fue la de un ángel, ni la del Hijo, ni la del Padre, sino la del Espíritu, la cual fue asumida *pro tempore*, como después apareció en forma de lenguas repartidas como de fuego y se posó sobre los apóstoles el día de Pentecostés.

Y ya que estoy hablando del bautismo de Cristo, puede ser apropiado mencionar el nuestro, que debería administrarse «en el nombre del Padre y del Hijo y del Espíritu Santo». No somos bautizados en tres nombres o caracterizaciones, sino en el único Nombre de tres Personas distintas, aunque indivisas entre Sí: «No en uno de tres Nombres» —como ha observado un antiguo escritor— «ni en tres encarnados, sino en tres que son de igual honor y gloria»[44].

III.10. El envío del Espíritu Santo

Nuestro Señor Jesucristo, no mucho antes de Sus padecimientos y muerte, prometió varias veces a Sus discípulos que les enviaría el Espíritu Santo, el Consolador. En estos pasajes hay claros indicios de una trinidad de Personas, como cuando dice: «Y yo rogaré al Padre, y Él os dará otro Consolador para que esté con vosotros para siempre»[45]. Nada es más evidente que aquí hay tres Personas distintas. Aquí está el Hijo, el Señor Jesucristo, la Persona que ora; está el Padre, otra Persona a la que se ora; y aquí hay otro, el Consolador, el Espíritu de verdad, distinto del Padre y del Hijo, por el que se ora. El que ora no puede ser la misma Persona a la que se ora, ni Aquel a quien se ora es el mismo que ora, ni Aquel por quien se ora es el mismo que ora ni es a quien se ora. En resumen, si la distinción entre Ellos no es personal,

---

[44] Οὔτε εἰς ἕνα τριώνομον, οὔτε εἰς τρεῖς ἐνανθρωπήσαντας, ἀλλ᾽ εἰς τρεῖς ὁμοτίμους. (Epístola atribuida a Ignacio, *ad Philippenses* {trad. no oficial: *Epístola a los filipenses*}, ed. Voss., p. 100).

[45] Juan 14:16.

sino meramente nominal, el significado de las palabras debe ser este: *Yo rogaré a Mí mismo, y Yo mismo os daré a Mí mismo para que esté con vosotros para siempre.*

Un escritor que he mencionado reconoció recientemente que *yo, tú* y *él* son pronombres personales;[46] y si es así, entonces aquellos a quienes pertenecen deben ser personas. Además, si estos pronombres personales pertenecen al Padre, al Hijo y al Espíritu, Ellos deben ser Personas. Insisto, cuando nuestro Señor dice: «Pero el Consolador, el Espíritu Santo, a quien el Padre enviará en mi nombre, Él os enseñará todas las cosas...»[47] da a entender claramente que existe una trinidad de Personas a las que atribuye acciones y pronombres personales distintos, pues, de lo contrario, el significado de estas palabras debe ser: *Yo mismo me enviaré en mi Nombre, y Yo mismo os enseñará todas las cosas...».* Otra vez, al afirmar: «Cuando venga el Consolador, a quien yo enviaré del Padre, es decir, el Espíritu de verdad que procede del Padre, Él dará testimonio de mí»[48], podemos inferir con toda justicia una trinidad de Personas en la Divinidad. En efecto, se nos dice que

> si consideramos que el Padre habita en el Hijo y es uno con Él, bien podía decir que el Consolador sería enviado por Él del Padre para denotar Su enriquecimiento sin medida por parte de Su Padre y Dios, quien es un Espíritu.[49]

Se admite que el Padre habita en el Hijo y es uno con Él en cuanto a naturaleza o esencia; pero, a menos que haya una distinción de Persona entre Ellos, no podría decir verdaderamente que el Consolador sería enviado por Él del Padre.

---

[46] William Davis, *The great concern of Jew and Gentil*, p. 43.

[47] Juan 14:26.

[48] Juan 15:26.

[49] William Davis, *The great concern of Jew and Gentil*, p. 42.

III.11. Hebreos 9:14

Por medio de Sus padecimientos y muerte, nuestro Señor Jesucristo obtuvo redención eterna para Su pueblo. Ahora bien, el precio de la redención fue pagado, la expiación fue hecha y el sacrificio fue ofrecido a Dios en la Persona del Padre; y esto, por el Verbo o Hijo, la segunda Persona en la naturaleza humana; y todo esto, por medio del Espíritu eterno o tercera Persona en la Deidad, según Hebreos 9:14: «¿cuánto más la sangre de Cristo, el cual por el Espíritu eterno se ofreció a sí mismo sin mancha a Dios…». Por cierto, por «el Espíritu eterno» algunos entienden *la naturaleza divina de Cristo*. Pero no es usual que la Escritura diga que Cristo hizo esto o aquello por Su naturaleza divina, sino que hizo esto o aquello por el Espíritu. Por ejemplo, se dice que expulsó «los demonios por el Espíritu de Dios» y que dio «mandamientos por el Espíritu Santo a los apóstoles».[50] Además, en algunas copias de Hebreos 9:14 se lee: «por el Espíritu Santo».[51]

III.12. La resurrección de entre los muertos

Cristo, habiendo padecido y muerto en lugar de Su pueblo, fue sepultado, y al tercer día resucitó de entre los muertos, momento en que «fue declarado Hijo de Dios con poder, según el Espíritu de santidad, por la resurrección de entre los muertos»[52]. Las tres Personas divinas participaron en ello. No se puede negar que Dios el Padre lo resucitó de entre los muertos y le dio gloria;[53] y {también} es muy evidente que se resucitó a Sí mismo conforme a Su propia predicción. Tampoco debe excluirse al Espíritu, quien tendrá una

---

[50] Mateo 12:28; Hechos 1:2 {RVR60}. Nota de los traductores: Debido a un error de referencia, el libro original dice Hageo 1:2.

[51] Véase Grocio sobre Hebreos 9:14.

[52] Romanos 1:4.

[53] Nota de los traductores: 1 Pedro 1:21.

participación tan grande en la resurrección de nuestros cuerpos en el día final, pues

> si el Espíritu de aquel que resucitó a Jesús de entre los muertos habita en vosotros, el mismo que resucitó a Cristo Jesús de entre los muertos, también dará vida a vuestros cuerpos mortales por medio de su Espíritu que habita en vosotros.[54]

III.13. La obra de la regeneración

Y ya que estoy hablando de la resurrección de Cristo, tal vez no sea impropio tomar nota de la obra de la regeneración, que a veces se atribuye a ello y es obra del Padre, del Hijo y del Espíritu. A veces se atribuye al Padre de Cristo (1 Ped. 1:3), a veces al Hijo (1 Jua. 2:29), y a veces al Espíritu (Tit. 3:4-6). En este último pasaje encontrarás a las tres Personas juntas observando que «Dios nuestro Salvador» en el versículo 4 se distingue manifiestamente de «Jesucristo nuestro Salvador» en versículo 6, y el Espíritu Santo se distingue de Ambos en el versículo 5, a quien se atribuyen el lavamiento de la regeneración y la obra de la renovación.

III.14. La adopción

La adopción es un acto de la gracia divina en el que aparecen las tres Personas. El Padre de Cristo predestina «para adopción como hijos»[55]; Cristo da el derecho y potestad a todos los que creen en Él de llegar a ser hijos de Dios[56]; y el Espíritu da testimonio a nuestro espíritu de que somos hijos de Dios[57]. De ahí que uno de Sus títulos es el de «Espíritu de adopción». Y los tres se ven juntos en un mismo versículo: «Y porque sois hijos, Dios ha enviado el Espíritu de su Hijo a nuestros corazones, clamando: ¡Abba! ¡Padre!»[58]; donde se habla

---

[54] Romanos 8:11.
[55] Nota de los traductores: Efesios 1:5.
[56] Nota de los traductores: Juan 1:12.
[57] Nota de los traductores: Romanos 8:16.
[58] Gálatas 4:6.

de Dios el Padre como distinto de Su Hijo, y de Su Hijo como distinto de Él, y del Espíritu como distinto de Ambos.

III.15. Efesios 1:17-18

Después de la conversión, los hijos de Dios necesitan iluminaciones divinas frescas; por lo cual el apóstol ruega en Efesios 1:17-18:

> pidiendo que el Dios de nuestro Señor Jesucristo, el Padre de gloria, os dé espíritu de sabiduría y de revelación en un mejor conocimiento de Él. Mi oración es que los ojos de vuestro corazón sean iluminados…

Esta oración es una prueba nada despreciable de la doctrina de la Trinidad. Aquí están el Dios y Padre de Cristo (a quien se ora), y el Espíritu de sabiduría (por quien se ora); y esto, para que los santos crezcan en el conocimiento de Cristo, quien es distinto tanto del Padre como del Espíritu.

III.16. Efesios 3:14-16

El apóstol no solo ruega por mayores iluminaciones, sino también por mayores suministros de gracia y fortaleza en Efesios 3:14-16:

> Por esta causa, pues, doblo mis rodillas ante el Padre de nuestro Señor Jesucristo, de quien recibe nombre toda familia en el cielo y en la tierra, que os conceda, conforme a las riquezas de su gloria, ser fortalecidos con poder por su Espíritu en el hombre interior.

Dobla sus rodillas ante el Padre de Cristo, como Persona distinta de Él, a quien describe como el Dios del universo, e implora a Su Espíritu que fortalezca a los santos con poder en su hombre interior.

III.17. 2 Tesalonicenses 3:5

Aunque el amor de Dios se derrama abundantemente en los corazones de Su pueblo desde el primer momento de su conversión, tienen necesidad de ser nuevamente dirigidos a Él por el Espíritu de Dios. De ahí que el apóstol elevara una oración tan ferviente por los tesalonicenses en 2 Tesalonicenses 3:5 {RVA 2015}: «¡El Señor dirija sus corazones hacia el amor de Dios y la {paciente espera}[59] de Cristo!». Por «el Señor» debemos entender *el Señor el Espíritu*, como se lo llama en 2 Corintios 3:18, siendo distinguido explícitamente de Dios el Padre, hacia Cuyo amor se desea que dirija sus corazones, y de Jesucristo, hacia una paciente espera de quien también se desea que dirija sus corazones. Y esto es Su obra y ocupación propios.

III.18. El objeto de las oraciones y la manera de dirigirnos a Él

Y puesto que he mencionado varias oraciones, no estará de más considerar el objeto de las oraciones y la manera de dirigirnos a Él. El objeto de las oraciones es el único Dios: el Padre, el Hijo y el Espíritu. A veces nos dirigimos solo al Dios y Padre de Cristo, como en algunos de los casos precedentes. Con frecuencia se desea gracia y paz de Jesucristo y también del Padre. A veces las súplicas se hacen al Espíritu, como en el último pasaje mencionado; y a veces encontramos que se dirigen a los tres juntos, como en Apocalipsis 1:4-5:

> Juan, a las siete iglesias que están en Asia: Gracia a vosotros y paz, de aquel que es y que era y que ha de venir [que es una perífrasis de *Jehová el Padre*], y de los siete Espíritus que están delante de su trono.

Por estos últimos no debemos entender *ángeles*, pues adorarlos está prohibido. Además, es absurdo imaginar que la gracia y la paz deban desearse de ellos de la misma manera que de Dios; o que deban ponerse al mismo nivel que Jehová y delante del Señor Jesucristo.

Antes bien, por estos «siete Espíritus» se entiende *el Espíritu Santo de Dios*, llamado así [1] por la plenitud y perfección de Sus dones y

---

[59] Nota de los traductores: Llaves añadidas para lograr mayor equivalencia con la versión en inglés (KJV) citada por el autor.

gracia, [2] en alusión a Sus siete Nombres en Isaías 11:2-3, y [3] con miras a las siete iglesias en Asia, que estaban bajo Su influencia.[60]

Y seguidamente se añade: «y de Jesucristo, el testigo fiel, el primogénito de los muertos y el soberano de los reyes de la tierra». Aquí no hay dificultad para determinar de quién se habla.

La manera de dirigirnos en la oración es a Dios en la Persona del Padre, aunque sin excluir ni al Hijo ni al Espíritu; por medio del Señor Jesucristo como Mediador; y por la asistencia del bendito Espíritu. Esto proporciona un argumento considerable a favor de una trinidad de Personas en la Divinidad, y es expresado muy completa y claramente por el apóstol en Efesios 2:18: «porque por medio de Él [i. e., Cristo] los unos y los otros tenemos nuestra entrada al Padre en un mismo Espíritu».

Un escritor reciente cree que estas palabras «deberían entenderse así: que Dios trae hacia Sí mismo a judíos y a gentiles como un mismo Espíritu, por Su poderosa influencia, por medio de Cristo, como Su común Padre», y que con este propósito nuestro Señor dice: «Nadie puede venir a mí si no lo trae el Padre que me envió»[61].[62] Pero debe observarse que el apóstol no está hablando de Dios trayendo almas hacia Sí mismo por medio de Cristo, por Su gracia poderosa y eficaz, como en la conversión, sino del acceso consolador que a Él tiene Su pueblo ya convertido, por medio de Cristo, por el Espíritu de gracia. Mucho menos dice que los judíos y los gentiles son traídos *como* un mismo Espíritu, sino *por* un mismo Espíritu; y esto, a Dios como su Padre, a manera de gracia y favor especiales. Pero prosigamos.[63]

---

[60] Nota de los traductores: Corchetes añadidos.

[61] Juan 6:44.

[62] William Davis, *The great concern of Jew and Gentil*, p. 47.

[63] Nota de los traductores: Cursivas añadidas.

III.19. La inspiración de las Escrituras

Podría citar el ejemplo de la inspiración de las Escrituras, que es una obra totalmente divina y se atribuye peculiarmente al Espíritu Santo, aunque sin excluir al Padre y al Hijo. Porque, en sus últimas palabras en 2 Samuel 23:2-3, David nos asegura que los escritos de los que fue autor como el dulce salmista de Israel le fueron dictados por los Tres eternos: «El Espíritu del SEÑOR habló por mí, y su palabra estuvo en mi lengua. Dijo el Dios de Israel, me habló la Roca de Israel…». Por «el Dios de Israel» entiendo *Dios el Padre*, el poderoso Dios de Jacob, de donde es el Mesías, el Pastor y la Roca de Israel. Por «la Roca de Israel» entiendo *el Mesías*, el Dios Poderoso, Padre Eterno y Príncipe de Paz, a quien a veces se llama figuradamente «la Roca». Y, por «el Espíritu del SEÑOR», *la tercera Persona*, bajo Cuyas influyentes mociones y direcciones habló y escribió el salmista.

III.20. Pasajes en la Escritura en los que el Nombre de Jehová se menciona tres veces y solo tres veces, y en los que un epíteto del Ser divino se repite tres veces

Hay varios pasajes en la Escritura en los que el Nombre de Jehová se menciona tres veces y solo tres veces, y en los que un epíteto del Ser divino se repite tres veces; los cuales, aunque no prueban la doctrina de la Trinidad, arrojan alguna luz sobre esta y no se pueden entender correctamente sin tomarla en cuenta, por ejemplo:

> «"El SEÑOR te bendiga y te guarde; el SEÑOR haga resplandecer su rostro sobre ti, y tenga de ti misericordia; el SEÑOR alce sobre ti su rostro, y te dé paz"». (Núm. 6:24-26)

> Porque el SEÑOR es nuestro juez, el SEÑOR es nuestro legislador, el SEÑOR es nuestro rey; Él nos salvará. (Isa. 33:22).

> ¡Oh Señor, escucha! ¡Señor, perdona! ¡Señor, atiende y actúa!... (Dan. 9:19)

> En su adoración a Dios, los ángeles dicen: «Santo, Santo, Santo, es el SEÑOR de los ejércitos» (Isa. 6:3; Apo. 4:8).

III.21. 2 Corintios 13:14

Por último, concluiré esta argumentación con la bendición final que pide el apóstol para la iglesia en Corinto en 2 Corintios 13:14: «La gracia del Señor Jesucristo, el amor de Dios y la comunión del Espíritu Santo sean con todos vosotros», donde no solo se mencionan a tres Personas distintas, sino que también se les atribuyen acciones personales distintas.

Me atrevo a decir que esta explicación es la doctrina bíblica de la Trinidad. Y aunque no supongo que todas las pruebas que he presentado sean igualmente evidentes, aun así, cuando se consideran en su conjunto, se debe cerrar los ojos voluntariamente para no poder ver en las Escrituras claros indicios de una trinidad de Personas en un solo Dios.

Capítulo 4
El Nombre especial, la deidad propia
y la personalidad distinta del Padre

Habiendo probado no solo una pluralidad sino también una trinidad de Personas en la Divinidad, procedo a considerar

IV. Los respectivos Nombres, la deidad propia y la personalidad distinta de cada uno de estos tres: el Padre, el Verbo y el Espíritu

Comenzaremos con el Padre y consideraremos la relación en la que se encuentra o Su Nombre de Padre, daremos algunas pruebas de Su deidad y demostraremos Su personalidad distinta.

IV.1.A. Su relación o Nombre de Padre

En primer lugar, consideraré Su relación o Nombre de Padre. Debe observarse que cuando la palabra *Padre* se aplica a Dios, no siempre se refiere a la primera Persona excluyendo al Hijo o al Espíritu (véanse Deu. 32:6; Isa. 64:8; Mal. 2:10; Heb. 12:9, donde el único Dios [Padre, Hijo y Espíritu] es llamado Padre porque es el común Padre, Creador y Antecesor de todas las cosas). Por eso, como he comentado antes, ni el Hijo ni el Espíritu deben ser excluidos en los pasajes que hablan de un solo Dios, el Padre de todas las cosas (1 Cor. 8:6; Efe. 4:6).

Por la palabra *Padre* se entiende a veces la primera Persona de la Trinidad distinta del Hijo y del Espíritu, llamado así peculiarmente con respecto a Su pueblo, a quienes ha predestinado para adopción como hijos, y por quienes ha enviado a Su Hijo para que los redimiera, para que reciban esta bendición, y a cuyos corazones, que claman: ¡Abba! ¡Padre!, también ha enviado a Su Espíritu.

También es llamado así peculiarmente con respecto a la segunda Persona, el Verbo, quien es Su Hijo unigénito; Su Hijo de tal manera de filiación como no lo son ni los ángeles ni los santos:

> Porque ¿a cuál de los ángeles dijo Dios jamás: HIJO MÍO ERES TÚ, YO TE HE ENGENDRADO HOY; y otra vez: YO SERÉ PADRE PARA ÉL, Y ÉL SERÁ HIJO PARA MÍ?[1]

Jesucristo siempre lo consideró Su Padre, se dirigió a Él como tal y frecuentemente lo distinguió de Sus padres terrenales, llamándolo Su Padre celestial o Su Padre que está en los cielos. Pero como *Padre* e *Hijo* son correlativos y se suponen el uno al otro, y como tengo intención de insistir ampliamente en la filiación de Cristo, descartaré por el momento este Nombre y relación de Padre y proseguiré con el punto siguiente.

IV.1.B. Algunas pruebas de Su deidad

En segundo lugar, daré algunas pruebas de Su deidad. Y aunque la deidad del Padre no se pone en duda ni se cuestiona y, por lo tanto, tampoco necesito extenderme en ello, aun así será necesario decir algo al respecto. Además de textos expresos de las Escrituras, como Romanos 15:6; 2 Corintios 1:3; Filipenses 2:11 y muchos otros, donde el Padre es llamado Dios explícitamente, la deidad del Padre puede probarse como sigue.

---

[1] Hebreos 1:5.

IV.1.B.1. Por las perfecciones divinas que posee

Aquel que es Dios existe[2] necesariamente; no debe Su existencia[3] a ningún otro ni depende de otro, sino que subsiste por Sí mismo. Así es el Padre de Cristo: «Porque así como el Padre tiene vida en sí mismo, así también le dio al Hijo el tener vida en sí mismo».[4]

Aquel que es Dios existe[5] desde la eternidad hasta la eternidad; no tiene principio ni tendrá fin. Así es el Padre de Cristo, porque Él es «aquel que es y que era y que ha de venir», escogió a Su pueblo en Cristo antes de la fundación del mundo, los ha bendecido en Él con toda bendición espiritual, y les será todo en todos por los siglos de los siglos.[6]

Aquel que es Dios es inmenso, infinito y omnipresente. Como no puede ser limitado por el tiempo, tampoco puede ser circunscrito por el espacio. Llena los cielos y la tierra y ninguno de estos lo puede contener; no hay quien escape de Su presencia, ni quien huya de Su Espíritu. Así es el Padre de Cristo, de quien Cristo dice a menudo que está en los cielos, pero también con Él en la tierra, y con todo Su pueblo, en todo momento, en todas las épocas y entre todas las naciones, hasta el punto de que pueden decir: «en verdad nuestra comunión es con el Padre y con su Hijo Jesucristo».[7]

Aquel que es Dios es omnisciente; conoce los corazones y prueba los pensamientos de los hijos de los hombres. Así es el Padre de Cristo, quien conoce al Hijo como ningún otro lo conoce y sabe lo que no conocen ni los ángeles ni el Hijo como hombre, aun el día y

---

[2] Nota de los traductores: *existe* —Lit., *es*.

[3] Nota de los traductores: *existencia* —Lit., *ser*.

[4] Juan 5:26.

[5] Nota de los traductores: *existe* —Lit., *es*.

[6] Apocalipsis 1:4; Efesios 1:3-4 (Nota de los traductores: El libro solo hace referencia a Efesios 1:4, pero también cita el v. 3); 1 Corintios 15:28.

[7] 1 Juan 1:3.

la hora del Juicio. El Padre ha puesto en Su propio poder el tiempo y la estación del Juicio y muchos otros acontecimientos. El apóstol Pablo apela al Padre de Cristo como Dios omnisciente para probar la veracidad de la narración que hizo de sus sufrimientos y labores cuando dice: «El Dios y Padre del Señor Jesús, el cual es bendito para siempre, sabe que no miento».[8] La omnipotencia es una perfección que pertenece a Dios.

Aquel que es Dios todo lo puede. Así es el Padre de Cristo: «Y [Cristo] decía: ¡Abba, Padre! Para ti todas las cosas son posibles».[9] Y esto lo da a entender cuando ordena a Pedro volver su espada a su sitio y le dice: «¿O piensas que no puedo rogar a mi Padre, y El pondría a mi disposición ahora mismo más de doce legiones de ángeles?».[10] Y aún más plenamente cuando, al hablar de la seguridad y protección de Su pueblo, dice: «Mi Padre que me las dio es mayor que todos, y nadie las puede arrebatar de la mano del Padre».[11]

Una vez más, Aquel que es Dios es inmutable, es el Señor que no cambia ni está sujeto a variación alguna. Ahora bien, el Padre de Cristo es el «Padre de las luces, con el cual no hay cambio ni sombra de variación».[12] Él es inmutablemente el mismo en Sus propósitos en Cristo, en Sus promesas por medio de Él, y en las bendiciones de Su gracia que otorga a Su pueblo en Cristo. Nada puede separarlos del amor de Dios hacia ellos que es en Cristo Jesús el Señor. En fin, no hay perfección que pertenezca a la Deidad que no se vea en el Padre de Cristo.

---

[8] 2 Corintios 11:31. Nota de los traductores: Debido a un error de referencia, el libro original dice 1 Corintios 11:31.

[9] Marcos 14:36.

[10] Mateo 26:53.

[11] Juan 10:29.

[12] Nota de los traductores: Santiago 1:17.

IV.1.B.2. *Por las obras y acciones divinas que se le atribuyen*

La deidad del Padre puede probarse por las obras y acciones divinas que se le atribuyen, como son: la Creación, la providencia y otras semejantes.

Creó todas las cosas por medio de Jesucristo. Por medio de Su Hijo hizo el universo, Sus manos pusieron los cimientos de los cielos y de la tierra, con Su poder sostiene el mundo y con Su sabiduría lo gobierna. Cristo afirmó: «Hasta ahora mi Padre trabaja, y yo también trabajo»;[13] es decir, en la preservación y gobierno del mundo hasta ahora, como {trabajó} en la creación del mundo. Por eso en otro pasaje lo llama «Señor del cielo y de la tierra»[14]; lo que no haría si no fuera a la vez Creador y Preservador del mundo.

El perdón de los pecados es peculiar de Dios. Dice una máxima válida que nadie más que Dios puede perdonar pecados. Pero el Padre de Cristo perdona a pecadores. Cristo mismo se dirigió a Él por ellos mientras estaba en la cruz cuando dijo: «Padre, perdónalos, porque no saben lo que hacen».[15]

La resurrección de los muertos es una obra puramente divina y con frecuencia se atribuye al Padre. Así como resucitó a Su Hijo Jesucristo y lo glorificó, también resucitará a los muertos en el día final, porque «el Padre levanta a los muertos y les da vida [...] a los que quiere»[16].

Ahora bien, de estas y muchas otras obras y acciones divinas que se le atribuyen podemos concluir firmemente la deidad del Padre.

---

[13] Juan 5:17.
[14] Mateo 11:25.
[15] Lucas 23:34.
[16] Juan 5:21.

IV.1.B.3. Por la adoración que se le atribuye

La deidad del Padre también se puede argumentar por la adoración que se le atribuye. Nadie más que el Dios altísimo debería ser objeto de culto y adoración religiosa: «"AL SEÑOR TU DIOS ADORARÁS, Y SOLO A ÉL SERVIRÁS"».[17] Ahora bien, el Padre es representado frecuentemente en la Escritura como Aquel a quien debemos amar, esperar y creer, como el objeto de la oración y la súplica, a quien tanto Cristo como Sus apóstoles oraron, y es el primero en la fórmula del bautismo, que es un acto solemne de adoración divina y religiosa. Pero no insistiré más en esto.

IV.1.C. La personalidad distinta del Padre

En tercer lugar, procederé a considerar la personalidad distinta del Padre. Y me propondré demostrar que Él es una Persona.

IV.1.C.1. Porque así se lo llama expresamente en Hebreos 1:3

En Hebreos 1:3 se dice que Cristo es «el resplandor de su gloria y la expresión exacta de su [persona][18]». Ciertamente nuestra traducción es criticada por algunos que sostienen que la palabra ὑπόστασις debería traducirse *sustancia* y no *persona*. Señalaré algunas cosas en defensa de nuestra versión.

Obsérvese que la palabra solo se usa en el Nuevo Testamento (en esta Epístola y en 2 Corintios), y solo cinco veces en total. En 2 Corintios 9:4 el apóstol la usa para expresar su confianza en jactarse de la anticipación de los corintios en sus contribuciones para las necesidades de los santos pobres. En esa misma Epístola (11:17) la usa también para expresar su confianza en hablar de sus propias labores en el evangelio y de sus sufrimientos por este. En esta Epístola

---

[17] Nota de los traductores: Mateo 4:10.

[18] Nota de los traductores: Corchetes añadidos para lograr mayor equivalencia con la traducción (KJV) citada por el autor.

a los Hebreos se usa dos veces en lo que concierne a la fe (3:14 y 11:1), y aquí (3:1) se aplica al Ser divino.

Ahora bien, puesto que esta palabra se usa en un sentido tan diferente, como observa el Dr. Owen: «[su] mero uso en un pasaje no arrojará ninguna luz sobre su significado en otro, sino que {su significado} debe tomarse del contexto y del tema tratado».[19] Además, debería observarse que no solo nuestros traductores, quienes eran hombres eruditos y juiciosos, sino también muchos otros hombres doctos han traducido la palabra como *subsistencia* o *Persona*; por ejemplo: Valla, Vatablus, Erasmo, Calvino, Beza, Piscator, Paraeus y otros. Sumado a esto, algunos de los padres griegos han usado esta palabra en el mismo sentido; y también algunos de los que escribieron antes del Concilio de Nicea, como son, particularmente, Justino Mártir[20] (si son suyos los escritos a los que se hace referencia en la nota al pie y llevan su nombre) y Orígenes[21].

De hecho, la palabra *substantia* fue usada por algunos escritores latinos como equivalente de ὑπόστασις; pero en aquel entonces la entendieron como *prima substantia*, y la usaron en el mismo sentido que nosotros usamos la palabra *Persona*. Y cuando decían[22] que había

---

[19] John Owen sobre Hebreos 1:3.

[20] Τὸ ἀγέγγητον καὶ γεννητὸν καὶ ἐκπορευτὸν, οὐκ οὐσίας δηλωτικὰ, σημαντικὰ δὲ τῶν ὑποστάσεων. (Justino, *Expositio Fïdei*, ed. Paris, p. 374). Ἕνα τοίνον Θεὸν προσῆχεν ὁμολογεῖν ἐν πατρὶ, καὶ υἱῷ, καὶ ἁγίῳ πνεύματι γνωριζόμενον · ᾗ μὲν πατὴρ, καὶ υἱός, καὶ πνεῦμα ἅγιον, τῆς μιᾶς θεότητος τὰς ὑποστάσεις γεωρίζοντας · ᾗ δέ Θεὸς, τὸ κατ' οὐσίαν κοινὸν τῶν ὑποστάσεων νοοῦντας. (Ídem., p. 379). Véase también *Quæstiones et Responsiones ad Orthodoxos* (pregs. 17 y 129).

[21] Εἰ δέ τίς ἐκ τούτων περισπαθήσεται, μήπη αὐτομολοῦμεν πρὸς τοὺς ἀναιροῦντας δύο εἶναι υποστάσεις, πατέρα καὶ υἱὸν, ἐπιστησάτω τὸ, ἦν δὲ πάντων τῶν πιστευσάντων ἡ καρδία καὶ ἡ ψυχὴ μία, ἵνα θεωρήση τὸ ἐγὼ καὶ ὁ πατὴρ ἕν ἐσμεν. (Orígenes, *Contra Celsum* {título oficial: *Contra Celso*}, I:8).

[22] Unde etiam dicimus unam esse οὐσίαν, vel οὐσίωσιν, id est, essentiam vel subsistentiam deitatis; sed tres ὑπόστασις, id est, tres substantias. Et quidem, secundum hunc modum, dixere unam Trinitatis essentiam, tres substantias, tresque personas (Boecio, *De persona et duabus naturis*, cap. 3).

tres Substancias en la Trinidad, afirmaban al mismo tiempo que no había más que una sola naturaleza o esencia; y así distinguían *substancia* de *naturaleza* o *esencia*. Pero, al encontrar que la palabra *substantia* tenía un significado ambiguo y una tendencia a inducir a la gente a imaginar que había tres Seres divinos distintos, dejaron de usarla y prefirieron la palabra *persona* {en latín} como una menos objetable.

Ciertamente hay una diferencia entre ὑπόστασις (subsistencia) y οὐσία (esencia o sustancia). Porque, como observa el Dr. Owen:

> ... la composición de la palabra denotaría *substantia*, pero diferenciándose de οὐσία (sustancia o ser) y añadiéndole algo que, en la naturaleza divina, no puede ser otra cosa que una manera especial de subsistencia.[23]

Añádase a esto que el apóstol no está hablando tanto del Padre y de Cristo en cuanto a aquello en que son lo mismo en naturaleza y sustancia, sino de Ellos en cuanto a aquellas cosas que conllevan una prueba de distinción entre Ellos. Por eso se dice que Cristo es el Hijo, por quien Dios, en estos últimos días nos ha hablado; y el Heredero, por designación Suya, por medio de quien hizo también el universo. Él es el resplandor de Su gloria. Por tanto, aunque es de la misma naturaleza que Él, es distinto de Él como lo son el Sol y sus rayos. Es también la expresión exacta de Su Persona; y es tan distinto de Él como una imagen lo es de la persona de la cual es imagen.

No es que Cristo sea la imagen de la personalidad de Su Padre; porque entonces, así como el Padre engendró (lo cual es Su caracterización personal distintiva), también el Hijo debería engendrar. Distingo entre *personalidad* y *Persona*: *personalidad* es estrictamente el modo de subsistir; *Persona*, además, connota la naturaleza o sustancia *en* la que subsiste y *con* la que subsiste. De modo que Cristo es la

---

[23] John Owen sobre Hebreos 1:3.

imagen de la Persona del Padre, ya que posee toda la naturaleza o sustancia divina.[24]

En resumen, no veo por qué alguien debería estar en desacuerdo con nuestra traducción de esta palabra.

IV.1.C.2. Esta definición de Persona concuerda con el Padre

La definición de *Persona* dada anteriormente concuerda con el Padre, quien es un Individuo y se distingue así de la Divinidad o naturaleza divina que habita personalmente *en* Él y es común, *con* Él,[25] a las otras dos Personas.[26] Él subsiste por Sí mismo y de Sí mismo, y no es sostenido por otro ni es parte de otro. El Padre tiene vida en Sí mismo; no debe Su existencia[27] a otro ni es sostenido en Su existencia[28] por otro. Tampoco posee solo una parte, sino toda la Deidad. En fin, es un Agente vivo, con voluntad e inteligente: Es el Padre vivo que envió a Cristo, Cuya voluntad (no como opuesta, sino como distinguible de la Suya) vino a hacer; que se conoce a Sí mismo, conoce a Su Hijo y a Su Espíritu, y todas Sus obras, como nadie más los conoce.

IV.1.C.3. Por las acciones personales que se le atribuyen

Que el Padre es una Persona puede deducirse de las acciones personales que se le atribuyen, como son: la Creación, la providencia, la resurrección de los muertos y otras semejantes que ya se han considerado como pruebas de Su deidad. A estas pueden añadirse Sus diversos actos de gracia para con Sus elegidos en Cristo Jesús, como son: Su elección eterna de ellos en Él, Su predestinación de ellos para adopción como hijos por medio de Él, Su pacto con Él

---

[24] Nota de los traductores: Cursivas añadidas.

[25] Nota de los traductores: Cursivas añadidas.

[26] Nota de los traductores: Cursivas añadidas.

[27] Nota de los traductores: *existencia* —Lit., *ser.*

[28] Nota de los traductores: *existencia* —Lit., *ser.*

a causa de ellos, ponerlos a todos en Su mano y allí bendecirlos con toda bendición espiritual, atraerlos a Sí mismo, y a Su Hijo, con lazos de amor y gracia eficaz, los diversos métodos que emplea para administrarles consolación divina, con la promesa del Espíritu, llamada la promesa del Padre, que Él ha hecho y cumple a ellos. La misión de Su Hijo Jesucristo en este mundo para la salvación de pecadores perdidos, de la que tanto hablan las Escrituras, es una prueba evidente de Su personalidad, y de Su personalidad distinta de la del Hijo. Es cierto que se dice que Cristo es enviado tanto por el Espíritu como por el Padre; pero obsérvese que, aunque el Hijo es enviado tanto por el Padre como por el Espíritu, y el Espíritu es enviado tanto por el Padre como por el Hijo, nunca se dice que el Padre sea enviado por ninguno de los dos. Él siempre es quien envía y nunca es el enviado.

Pero lo que constituye el gran acto personal distintivo del Padre es su acto eterno de engendrar al Hijo en la naturaleza o esencia divina; lo cual, aunque inconcebible e inexplicable para nosotros, está revelado claramente en las Sagradas Escrituras, es la verdadera razón por la que tiene el Nombre y la relación de Padre, y es aquello que lo distingue del Hijo y del Espíritu. Nunca se dice que el Hijo engendre ni al Padre ni al Espíritu, y nunca se dice que el Espíritu engendre ni al Hijo ni al Padre. El acto de engendrar es peculiar del Padre. Consideraré más adelante lo que esto significa y las pruebas de ello. Hasta aquí la personalidad del Padre.

Ahora bien, cuando llamamos al Padre la primera Persona de la Trinidad, no suponemos que sea la primera en cuanto a orden de naturaleza, o de tiempo, o de causalidad, como si el Padre fuera *fons Deitatis* (la fuente de la Deidad); expresiones de las que algunos hombres buenos han hecho uso sin mala intención. Pero, puesto que hombres arteros y maquinadores han hecho un mal uso de estas, es tiempo de que las dejemos de lado.

Así como el Padre es Dios de Sí mismo, también el Hijo es Dios de Sí mismo, y el Espíritu es Dios de Sí mismo. Los tres existen juntos, y existen necesariamente, y subsisten distintamente por Sí mismos en una sola naturaleza indivisa. Ninguno es anterior al otro ni más excelente que el otro. Pero debido a que, para comprenderlos mejor, nos es necesario que haya algún orden al mencionarlos, parece más apropiado poner al Padre primero, por lo que lo llamamos la primera Persona; y luego al Hijo, y después al Espíritu Santo; en cuyo orden a veces los encontramos en las Escrituras, aunque, para hacernos ver que hay una perfecta igualdad y ninguna superioridad o inferioridad entre Ellos, este orden es invertido frecuentemente.

CAPÍTULO 5
Sobre el Logos o Verbo

IV. Los respectivos Nombres, la deidad propia y la personalidad distinta de cada uno de estos tres: el Padre, el Verbo y el Espíritu (Continuación)

Habiendo considerado el Nombre y dado pruebas tanto de la deidad como de la personalidad del Padre, ahora procederé a considerar el Nombre de Logos o Verbo, daré algunas pruebas de Su deidad, inquiriré sobre Su filiación y mostraré Su personalidad distinta.

IV.2.A. El Nombre de Logos o Verbo

Y comenzaré con Su Nombre, título, apelativo o caracterización: el Verbo, un Nombre que Juan usa frecuentemente en su Evangelio, sus Epístolas y su Apocalipsis.

Lo usa en su Evangelio: «En el principio existía el Verbo, y el Verbo estaba con Dios, y el Verbo era Dios» (Jua. 1:1), palabras que declaran manifiestamente la deidad y eternidad del Verbo, Su coexistencia con Dios, es decir, el Padre, como se deduce claramente de 1 Juan 1:2, y que es una Persona distinta de Él. Además, para que no nos quede dudas sobre la Persona de la Trinidad a la que se refiere con el Verbo, nos dice en el versículo 14 que «el Verbo se hizo carne, y habitó entre nosotros».

Juan también menciona a Cristo con este Nombre (el Verbo) en sus Epístolas. Por ejemplo, en 1 Juan 1:1 dice: «Lo que existía desde el principio, lo que hemos oído, lo que hemos visto con nuestros ojos, lo que hemos contemplado y lo que han palpado nuestras manos, acerca del Verbo de vida», es decir, Cristo, quien estaba desde la eternidad con el Padre, pero que ahora se manifestaba en carne, carne que era real y no imaginaria, como lo prueba mencionando tres de los sentidos naturales, a saber, el oído, la vista y el tacto. Juan, junto con el resto de los discípulos, lo oyó hablar, lo vio andar, comer, beber, etc., y lo tocó; y por esto supo que tenía un cuerpo verdadero y real que consistía en carne, sangre y huesos, como sus cuerpos, y que no era un mero fantasma,[1] como afirmaron Simón el Mago, y después de él, Menandro, Saturnino y Basílides. Estos negaron la verdadera y real humanidad de Cristo y afirmaron que no tenía más que la apariencia de un hombre, que había asumido la naturaleza humana, había muerto, padecido y resucitado solo en apariencia y no en realidad.

Ahora bien, Juan llama aquí a Cristo el Verbo de vida, porque Él es la vida misma y el Autor y Dador de la vida a los demás. De nuevo, en 1 Juan 5:7 dice: «Porque tres son los que dan testimonio en el cielo: el Padre, el Verbo y el Espíritu Santo, y estos tres son uno».

También en su Apocalipsis habla de Cristo más de una vez con el Nombre de «el Verbo». Por ejemplo, en 1:2 nos dice que «dio testimonio de la palabra de Dios, y del testimonio de Jesucristo», lo cual puede explicarse justamente con Juan 1:1-3, 14. Una vez más, en Apocalipsis 19:13, donde, habiendo representado a Cristo como un poderoso Guerrero y triunfante Conquistador, dice: «su nombre es: El Verbo de Dios». Y puesto que {Juan} ha hablado tan frecuentemente de la segunda Persona de la Trinidad con este apelativo {el Verbo}, ahora procederé así:

---

[1] Véanse Ignacio, *Epistola ad Smyrnaeos* {trad. no oficial: *Epístola a los esmirneos*}, p. 2; *ad Trallianos* {trad. no oficial: *Epístola a los tralianos*}, ed. Voss., pp. 51-52; Tertuliano, *De praescriptione haereticorum*, sec. 46; Agustín, *De Haeresibus ad Quodvultdeum liber unus*, secs. 1-4, véase también en griego.

IV.2.A.1. Inquiriré de dónde se supone que Juan recibió el Nombre «el Verbo» que tan a menudo él aplica a Cristo.

IV.2.A.2. Inquiriré si, además de Juan, algún otro escritor inspirado del Nuevo Testamento hace uso del Nombre «el Verbo» para referirse a Cristo.

IV.2.A.3. Inquiriré la razón por la que Cristo es llamado «el Verbo».

IV.2.A.1. ¿De dónde se supone que Juan recibió el Nombre de Λόγος o el Verbo que tan a menudo él aplica a Cristo?

Algunos piensan que Juan tomó el Nombre de «el Verbo» de los escritos de Platón o de sus seguidores

Amelio,[2] un filósofo platónico, dice que las palabras del evangelista en Juan 1:1, a quien llama un bárbaro, concuerdan con su filosofía sobre el Λόγος o Verbo. Y algunos piensan que Juan, sabiendo que Ebión y Cerinto estaban familiarizados con la filosofía platónica, para ganárselos más fácilmente, hace uso de esta expresión («el Verbo»), cuando la de «Hijo de Dios» les habría desagradado.[3] Pero para mí es mucho más probable que Platón formara sus nociones sobre el Verbo por las Escrituras que la afirmación de que Juan tomó esta frase de los escritos de Platón o de alguno de sus seguidores, ya que es cierto que Platón viajó a Egipto[4] para obtener educación y conocimiento, donde probablemente se encontró con los escritos judíos, de los que adquirió las mejores cosas que pueden hallarse en él. Además, Numenio,[5] filósofo pitagórico, lo acusa de haber robado

---

[2] Véanse sus palabras en Hugo Grocio, *De Veritate Religionis Christianae* {trad. no oficial: *De la veracidad de la Religión cristiana*}, Libro 1, § 16.

[3] Arrowsmith sobre Juan 1:1.

[4] Véase Diógenes Laercio, *Vitae Philosophorum* {título oficial: *Vidas y opiniones de los filósofos ilustres*}, Libro 3: «Vita Platonis» {título oficial: «Platón»}.

[5] ΝΟΥΜΗΝΙΟΣ πυθαγοριχὸς φιλόσοφος, ὁ ἀπαμεὺς, τὴν Πλάτωνος διάνοιαν ἤλεγζον, ὡς ἐκ τῶν μωσάικῶν βιβλίων τὰ περὶ θεοῦ, καὶ κόσμου ἀποσυλήσασαν. διὸ καὶ φησὶ, τὶ γὰρ ἐστὶ Πλάτων ἥ Μωϋσῆς ἀττικίζων.

de los Libros de Moisés lo que escribió sobre Dios y el mundo. Por eso dijo: «¿Qué es Platón sino Moisés vestido de griego?».

Es mucho más probable que Juan tomara la expresión «el Verbo» de los tárgumim[6] o paráfrasis judías de los Libros del Antiguo Testamento

En estos se usa el Nombre de «el Verbo» con frecuencia; al igual que en las obras de Filón el judío. Pero, lo haya tomado de allí o no, lo cierto es que hay una gran concordancia entre lo que Juan y estos antiguos escritos judíos dicen sobre el Verbo. Solo daré algunos ejemplos.

El evangelista Juan atribuye deidad al Verbo y afirma expresamente que es Dios: «En el principio existía el Verbo, y el Verbo estaba con Dios, y el Verbo era Dios»[7]. Y los tárgumim, en muchos pasajes,[8] traducen *Jehová* como *la Palabra* {o *el Verbo*} *de Jehová*, de lo que bien puede concluirse que suponían que la Palabra {o el Verbo} del Señor era Jehová mismo. Además, en otros lugares afirman que Él es Dios. Por eso en Génesis 28:20-21 dicen:

> Entonces hizo Jacob un voto, diciendo: Si Dios está conmigo [Onkelos: Si el Verbo del Señor está conmigo] y me guarda en este camino en que voy [...], entonces el SEÑOR [Onkelos: el Verbo del Señor] será mi Dios.

De nuevo, en Levítico 26:12 dice: «Andaré entre vosotros y seré vuestro Dios...». El *Tárgum de Jonatán* lo parafrasea así: «Haré que la gloria de Mi *Shekinah* habite entre vosotros y Mi Palabra {o Verbo} será vuestro Dios el Redentor».

(Hesiquio de Mileto, *De philosophis* {trad. no oficial: *Diccionario biográfico: Filósofos*}, p. 50).

[6] Nota de los traductores: *tárgumim* —plural de *tárgum*.

[7] Nota de los traductores: Juan 1:1.

[8] Pueden verse muchos ejemplos de este tipo en la traducción que hizo Rittangel de *Sefer Yezirah*, pp. 84 en adelante. Allix, *The Judgment of the Ancient Jewish Church*, cap. 12.

Una vez más, en Deuteronomio 26:17 dice: «Has declarado hoy que el SEÑOR es tu Dios». El *Tárgum de Jerusalén* lo traduce así: «A la Palabra {o Verbo} del Señor has hecho rey sobre ti hoy para que sea tu Dios».

Asimismo Filón el judío llama al Verbo θεῖος Λόγος (el Verbo divino)[9] y Κύριός μοῦ (mi Señor), y lo representa como el objeto de la fe, Cuyas promesas deben ser creídas.

Además, Juan habla del Λόγος o Verbo como una Persona distinta de Dios el Padre. Dice: «el Verbo estaba con Dios», es decir, el Padre, como se nos enseña a explicarlo por 1 Juan 1:2, por lo tanto, debe ser distinto de Él, con quien estaba. De acuerdo con esto, así como los tárgumim a veces traducen *Jehová* como *la Palabra* {o *el Verbo*} *del Señor*, también distinguen entre Ambos: el Verbo y Jehová.

Así sucede con {la paráfrasis talmúdica de} Salmos 110:1. El versículo dice: «Dice el SEÑOR a mi Señor». El tárgum vierte: «Dice el Señor a Su Palabra {o Verbo}». Aquí se lo distingue manifiestamente del Señor, a Cuya diestra se iba a sentar.

Otro ejemplo es Oseas 1:7. El Señor promete compadecerse de la casa de Judá, y salvarlos «por el SEÑOR su Dios». El tárgum dice: «por la Palabra {o Verbo} del Señor su Dios». Aquí el Verbo del Señor, por quien el pueblo de Judá sería salvo, también se distingue manifiestamente del Señor, quien promete salvarlos por Él. Esta distinción entre Jehová y Su Verbo puede observarse en muchos lugares en los tárgumim y en los escritos de Filón.

Del mismo modo Juan atribuye eternidad al Λόγος o Verbo; y dice que existía en el principio, es decir, en el principio de la Creación

---

[9] ‘Ο δὲ κύριος μοῦ, θεῖος λόγος, πρεσβύτερός, ἐστιν, ᾧ προσεῖναι τοῦτο ἀνάγκη, καὶ πιστεύειν καλὸν ὑπισχνουμένῳ. (Filón, *Legum Allegoriae* {título oficial: *Interpretación alegórica de las leyes sagradas*}, Libro 2, p. 101). Nota de los traductores: Para traducir al español todos los fragmentos tomados de esta fuente nos guiamos por la edición citada por el autor.

de todas las cosas, y, por tanto, existía antes de que cualquier criatura fuera hecha. Filón lo llama el Verbo más antiguo,[10] el Ángel más antiguo;[11] y dice que es más antiguo que cualquier cosa hecha.[12] Es más, lo llama el Verbo eterno.[13]

Además, el evangelista dice sobre el Verbo que «[t]odas las cosas fueron hechas por medio de Él, y sin Él nada de lo que ha sido hecho, fue hecho».[14] Los targumistas atribuyen la creación del hombre al Verbo en particular. En Génesis 1:27 leemos: «Creó, pues, Dios al hombre a imagen suya»; y el *Tárgum de Jerusalén* parafrasea: «Creó, pues, la Palabra {o el Verbo} del Señor al hombre a semejanza Suya». Y en Génesis 3:22 dicen las Escrituras: «Entonces el Señor Dios dijo: He aquí, el hombre ha venido a ser como uno de nosotros». El mismo tárgum lo parafrasea así: «Entonces la Palabra {o el Verbo} del Señor Dios dijo: He aquí, el hombre, a quien he creado, es el único en el mundo».

En los mismos escritos, la Creación de todas las cosas en general también se atribuye a la Palabra {o Verbo}. Esas palabras en Deuteronomio 33:27 que dicen: «El eterno Dios es tu refugio, y debajo están los brazos eternos» son parafraseadas por Onkelos así:

---

[10] Filón, *Legum Allegoriae*, Libro 2, p. 93. Ἐνδύεται δὲ ὁ μέν πρεσβύτατος τοῦ ὄντος λόγος ὅς ἐσθῆτα, τὸν κόσμον. (Filón, *De profugis*, p. 466).

[11] Σπούδαζε κοσμέισθαι κατὰ τὸν πρωτόγονον ἀυτοῦ λόγον, τὸν ἄγγελον πρεσβύτατον. (Filón, *De confusione linguarum*, p. 341). Y un poco después: Λόγος ὁ πρεσβύτατος & ἀίδιος λόγος.

[12] Καὶ ὁ λόγος δὲ τοῦ Θεοῦ, ὑπεράνω παντός ἐστι τοῦ κόσμου, καὶ πρεσβύτατος, καὶ γενικώτατος τῶν ὅσα γέγονε. (Filón, *Legum Allegoriae*, Libro 2, p. 93). Ὁ λόγος ὁ πρεσβύτερος τῶν γένεσιν εἰληφότων. (Filón, *De migratione Abrahami* {título oficial: *Sobre la migración de Abraham*}, p. 389 {Nota de los traductores: Para traducir al español todos los fragmentos tomados de esta fuente nos guiamos por la edición citada por el autor}).

[13] Ἀίδιος λόγος (Filón, *De plantatione Noe* {título oficial: *Sobre la obra de Noé como plantador*}, p. 217). Nota de los traductores: Para traducir al español todos los fragmentos tomados de esta fuente nos guiamos por la edición citada por el autor.

[14] Nota de los traductores: Juan 1:3.

«El eterno Dios es una morada, por Cuya Palabra {o Verbo} fue hecho el mundo». Y en Isaías 48:13, {donde dice la Escritura}: «Ciertamente mi mano fundó la tierra», el tárgum {parafrasea}: «Ciertamente por mi Palabra {o Verbo} he fundado la tierra», tal como dice el apóstol Pablo en Hebreos 11:3, {el apóstol} Pedro en 2 Pedro 3:5, 7, y el autor del libro apócrifo de Sabiduría (9:1), con lo cual concuerdan enteramente las opiniones de Filón, quien no solo habla de la Palabra {o el Verbo} como un organismo[15] o instrumento que Dios usó en la Creación de todas las cosas, sino como el arquetipo,[16] paradigma, ejemplar e idea según el cual todas las cosas fueron hechas. De hecho, lo llama δύναμις κοσμοποιητικὴ (el poder que hizo el mundo)[17], y le atribuye la creación del hombre, a Cuya imagen dice que fue hecho,[18] y también la creación de los cielos y de la tierra, y todo lo que en ellos hay.[19]

De nuevo, cuando Juan llama al Verbo la Luz, hace uso de una palabra conocida entre los judíos como el Nombre del Mesías, a quien entienden que se refieren Salmos 43:3 («Envía tu luz y tu

---

[15] Σκιὰ Θεοῦ δὲ ὁ λόγος ἀυτοῦ ἐστὶν, ᾧ καθάπερ ὀργάνῳ προσχρησάμενος, ἐκοσμοπόίει. (Filón, *Legum Allegoriae*, Libro 2, p. 79). Y en otra parte, cuando habla del Verbo más antiguo, a quien usa el Gobernador del universo como timón para conducir y dirigir todas las cosas, añade: Χρησάμενος ὀργάνῳ τούτῳ πρὸς τὴν ἀνυπάίτιον τῶν ἀποτελουμένων σύστασιν. (Filón, *De migratione Abrahami*, p. 389).

[16] Δῆλον δὲ ὅτι καὶ ἡ ἀρχέτυπος σφρὶς, ὅν φαμὲν εῖναι κόσμον νοητὸν, ἀυτὸς ἄν εἴη τὸ ἀρχέτυπον παράδειγμα, ἰδέα τῶν ἰδεῶν, ὁ Θεοῦ λόγος. (Filón, *De mundi opificio*, p. 5).

[17] Filón, *De mundi opificio*, p. 4.

[18] Ἀκόλουθον οὖν τῆς ἀνθρώπου ψυχῆς κατὰ τὸν ἀρχέτυπον τοῦ αἰτίου λόγον ἀπεικονισθείσης. (Filón, *De plantatione Noe*, p. 217). Véase también Filón, *Legum Allegoriae*, Libro 2, p. 79; y Filón, *De mundi opificio*, p. 31.

[19] Filón, *Legum Allegoriae*, Libro 1, p. 44; y Filón, *De Temulentia* {título oficial: *Sobre la ebriedad*}, p. 244. Nota de los traductores: Para traducir al español todos los fragmentos tomados de esta fuente nos guiamos por la edición citada por el autor.

verdad»)[20] y Daniel 2:22 («y la luz mora con Él»)[21]. Filón habla de una Luz inteligible a la que considera imagen de la Palabra divina {o Verbo divino} y piensa que puede llamarse propiamente πανωυγεία (la Luz universal)[22]; lo cual se parece bastante a lo que Juan dice del Verbo, a quien llama «la luz verdadera que, al venir al mundo, alumbra a todo hombre»[23].

Una vez más, Juan habla de la encarnación del Verbo, y dice que «se hizo carne, y habitó entre nosotros»[24]. Filón llama al Verbo «el hombre de Dios»[25], quien —dice—, al ser el Verbo del Eterno, es Él mismo necesariamente inmortal. Y en el mismo libro lo llama «el hombre a imagen de Dios».[26] Además, es fácil observar una concordancia entre Jesucristo, quien ἐσκήνωσεν (*tabernaculizó*) entre nosotros, y la *Shekinah* de los judíos. Onkelos parafrasea las palabras en Levítico 26:11-12 así: «Pondré Mi tabernáculo en medio de vosotros, y Mi Palabra {o Verbo} no os rechazará. Y haré que Mi *Shekinah* habite en medio de vosotros…». También el autor del libro apócrifo titulado Baruc habla de la sabiduría o el entendimiento, que es lo mismo que la Palabra {o Verbo}, apareciendo en la tierra y conversando con los hombres.[27]

Ahora bien, estos escritores judíos hablan del Verbo de esta manera, bien por Sus apariciones en forma humana bajo la dispensación del Antiguo Testamento, bien por Su encarnación

---

[20] R. Sol. Jarchi sobre Salmos 43:3.

[21] *Bereshit Rabba*, fol. 1.3; *Echa Rabbati*, fol. 50.2.

[22] Filón, *De mundi opificio*, p. 6.

[23] Nota de los traductores: Juan 1:9.

[24] Nota de los traductores: Juan 1:14.

[25] Ἕνα καὶ τὸν αὐτὸν ἐπιγεγραμμένοι πατέρα οὐ θνητὸν, ἀλλ᾽ ἀθάνατον, ἄνθρωπον Θεοῦ, ὃς τοῦ αἰδίου λόγος ὤν, ἐξ ἀνάγκης καὶ αὐτός ἐστιν ἄφθαρτος. (Filón, *De confusione linguarum*, p. 326).

[26] Filón, *De confusione linguarum*, p. 341.

[27] μετὰ τοῦτο ἐπὶ τῆς γῆς ὤφθη καὶ ἐν τοῖς ἀνθρώποις συνανεστράφη (Baruc 3:37).

futura, de la que Juan podía hablar como algo ya ocurrido. Y mientras que Juan llama al Verbo «el unigénito del Padre»[28], Filón dice que «es el Hijo más antiguo del Padre, Su primogénito, quien, habiendo sido engendrado por Él, imitó los caminos de Su Padre; y viendo Sus ejemplos, hizo las mismas cosas que Él hizo»[29]. Todo esto en su conjunto deja claro que hay una gran semejanza entre lo que dicen el evangelista Juan y estos escritores judíos sobre el Verbo. Y ya sea que Juan haya tomado prestada la frase de ellos o no, es evidente que expresó el significado tradicional con el que su nación lo entendía. Las obras de Filón preceden a Juan, como también lo preceden algunas paráfrasis caldeas.

Con el fin de demostrar que Juan no tomó Λόγος de los tárgumim, un escritor sociniano se esfuerza por demostrar que son de una fecha más tardía de lo que se cree que son,[30] sobre lo cual no necesitamos preocuparnos mucho, y también, que por «la Palabra {o Verbo}» nunca se entiende una Persona racional que subsiste por Sí misma, algo que confutan los ejemplos ya citados, a los que se podrían añadir más si fuera necesario. No obstante, no hay necesidad de decir que Juan tomó prestada esta frase de los tárgumim judíos, sino de

Las Escrituras del Antiguo Testamento

Juan se refiere explícitamente al relato de la Creación, donde no menos de 8 veces leemos que Dios dijo: «Sea [...], y hubo...» o «Haya [...]. Y fue así». Esta frase tan repetida ya no es un misterio para nosotros, pues Juan nos ha dicho que todas las cosas fueron

---

[28] Nota de los traductores: Juan 1:14.

[29] Τοῦτον μὲν γὰρ πρεσβύτατον υἱὸν ὁ τῶν ὄντων ἀνέτειλε πατὴρ, ὃν ἑτέρωθι πρωτόγονον ὠνόμασε, καὶ ὁ γεννηθεὶς μέντοι μιμούμενος τὰς τοῦ πατρὸς ὁδοὺς, παραδείγματα ἀρχέτυπα ἐχείνου βλέπον, ἐμόρφου εἴδη. (Filón, *De confusione linguarum*, p. 329). Esto se parece mucho a lo que dice el evangelista Juan sobre el Hijo de Dios en Juan 5:19.

[30] Rittangel, *Bilibra Veritatis Et Rationis* {trad. no oficial: *La balanza de la verdad y la razón...*} (ed. Freistadii, 1700).

hechas por medio del Verbo,[31] en perfecto acuerdo con lo que dice el salmista en Salmos 33:6: «Por la palabra del SEÑOR fueron hechos los cielos, y todo su ejército por el aliento de su boca». Se pueden citar muchos casos en los que la Palabra {o el Verbo} significa una Persona divina (comp. 2 Sam. 7:21 con 1 Cró. 17:19 y Hag. 2:4-5; Sal. 107:20), de donde fácilmente Juan podría tomar esta frase y aplicarla a una Persona divina, como lo hace. Y algunos creen que nuestro Señor usa Λόγος con el mismo significado (Jua. 5:38). De modo que Juan pudo haber tomado este significado directamente de Él, Cuyas palabras, en muchos casos, Juan se complace peculiarmente en utilizar. Pero prosigo rápidamente a preguntar si, además del evangelista Juan, algún otro escritor inspirado del Nuevo Testamento hace uso de Λόγος con este significado.

IV.2.A.2. *El evangelista Lucas, los apóstoles Pablo y Pedro usan este Nombre de Λόγος o el Verbo con el mismo significado*

Al investigar, se verá que, en segundo lugar, el evangelista Lucas, los apóstoles Pablo y Pedro usan Λόγος con el mismo significado. De modo que, aunque el evangelista Juan usa este término con más frecuencia que ellos, no es peculiar de él.

Se cree que el evangelista Lucas usa esta palabra en Lucas 1:2 para referirse a Cristo, el Verbo, cuando habla de los discípulos como testigos oculares y ministros o siervos de la Palabra,[32] quienes, con mucha mayor propiedad de expresión, puede decirse que son testigos oculares de Cristo, según 2 Pedro 1:16, y siervos o seguidores de Él más que del evangelio o la Palabra escrita. Y parece muy aceptable que Lucas, con la intención de escribir la historia de la vida y obra de Cristo, en su prefacio a Teófilo, mencione a Cristo con uno u otro

---

[31] Nota de los traductores: Véase Juan 1:1-3.

[32] Gomaro sobre Lucas 1:2; Juan 1:1; Hebreos 4:12; y Arrowsmith sobre Juan 1:1.

Nombre, título o caracterización; lo que no hace si no se refiere a Él con «la palabra».

El apóstol Pablo usa la frase con este significado en mente en Hechos 20:32, donde, despidiéndose de los ancianos de la iglesia en Éfeso, los encomienda a Dios y a la Palabra de Su gracia. Aquí, por «la palabra de su gracia», no entiendo que se refiera al evangelio o la Palabra escrita, sino a Jesucristo, quien está lleno de gracia y de verdad. Mis razones para ello son las siguientes:

Los santos nunca se encomiendan a sí mismos ni a otros, ni en la vida ni en la muerte, a nadie que no sea una Persona divina

La palabra usada aquí significa *encomendar una persona o cosa al cuidado y protección por parte de otro*.[33] Pero solo una Persona divina puede asumir el cuidado y protección de los santos y de hacerles bien. Los santos no confiarán ni confían en ningún otro. En vida encomiendan sus almas a Dios el fiel Creador,[34] y reposan enteramente satisfechos en ello, como lo hizo el apóstol Pablo, quien podía decir: «yo sé en quién he creído», a quién he confiado mi alma inmortal, en Cuyas manos he confiado su salvación: «y estoy convencido de que es poderoso para guardar mi depósito hasta aquel día»[35]. Ahora bien, a quien se encomendó, ciertamente encomendó también a otros; habiendo experimentado el cuidado, la fidelidad y la capacidad de Cristo, podía encomendar a los santos a Él, y sin duda a Él los encomendó con el mayor placer y satisfacción. Y como hacen en vida, también en la muerte los santos solo se encomiendan a una Persona divina, imitando el ejemplo de Cristo, quien, en Sus últimos

---

[33] παρατίθημι significat in genere, patrocinio, curae, ac tutelae alterius aliquid commendare (Beza).

[34] Nota de los traductores: 1 Pedro 4:19.

[35] Nota de los traductores: 2 Timoteo 1:12.

momentos dijo: «Padre, EN TUS MANOS ENCOMIENDO MI ESPÍRITU».[36]

Poner la Palabra escrita al mismo nivel que el Ser divino no parece muy aceptable

Me parece que encomendar a los santos tanto a la Palabra escrita como a Dios mismo es disminuir la gloria del Ser divino y atribuir demasiado a la Palabra escrita. Antes bien, concuerda bien con Cristo, el Verbo esencial, «el cual, aunque existía en forma de Dios», «no tuvo por usurpación ser igual a Dios».[37] Encomendar a los santos a Cristo y a Dios el Padre por igual no es disminuir la gloria del Padre ni dar a Cristo más de lo que le corresponde o de lo que es capaz de realizar; pero encomendarlos al evangelio sí parece disminuir la gloria de Dios y dar a la Palabra escrita más de lo que a esta le corresponde o de lo que es capaz de realizar.

Nunca se dice que los santos son confiados o encomendados al evangelio, sino a la inversa

Nunca se dice que los santos son confiados o encomendados al evangelio, sino que el evangelio es confiado o encomendado a los santos. La Palabra escrita es confiada al cuidado y guarda de los santos, pero no los santos al cuidado y guarda de la Palabra escrita. Están en manos de Cristo, y han sido encargados a Su cuidado y protección. Con frecuencia leemos que Dios confía la Palabra escrita a los santos, especialmente a los ministros de esta, y que ellos la confían a otros (p. ej.: 2 Cor. 5:19; 1 Tim. 1:11-18; 6:20; 2 Tim. 1:14; 2:2), pero nunca que los santos sean encomendados a la Palabra escrita.

---

[36] Nota de los traductores: Lucas 23:46.

[37] Nota de los traductores: Filipenses 2:6a {LBLA} y 2:6b {RV-SBT}.

Lo que aquí se atribuye a la Palabra es más aplicable a Cristo que a la Palabra escrita

Aunque el evangelio es un instrumento en las manos del Espíritu en la edificación de los santos en su santísima fe, Cristo es el gran sabio Arquitecto. Es Él quien edifica el Templo y debe llevar la gloria. Aunque el evangelio sea como un mapa que nos indica dónde está nuestra herencia y cuál es el camino que conduce a esta, es Cristo quien nos la da y nos pone en posesión de la misma. Es en Él, por medio de Él o a través de Él que obtenemos la herencia.

Por estas razones, entiendo que Λόγος no se refiere al evangelio o la Palabra escrita, sino a Cristo, la Palabra esencial. Tampoco soy el único que interpreta este texto así.[38]

Insisto, se cree que el apóstol Pablo usa Λόγος con este significado en Hebreos 4:12:[39]

> Porque la palabra de Dios es viva y eficaz, y más cortante que cualquier espada de dos filos; penetra hasta la división del alma y del espíritu, de las coyunturas y los tuétanos, y es poderosa para discernir los pensamientos y las intenciones del corazón.

Esto no se aplica tanto a la Palabra escrita como a Cristo, quien es ζῶν ὁ Λόγος τοῦ Θεοῦ (*la Palabra viva de Dios* o *la Palabra viviente de Dios*, como puede traducirse esta frase). Él es aquel Verbo que se hizo carne, padeció y murió, pero que ahora está vivo y vive por los siglos de los siglos; y en verdad puede decirse que es ἐνεργὴς (*poderoso* o *eficaz*), pues así es en Sus padecimientos y muerte: poderoso para salvar, como también lo es en Su mediación e intercesión a la diestra del Padre, y dentro de poco aparecerá más cortante que cualquier espada de dos filos en Su venida para juzgar al mundo en el día final. Entonces penetrará hasta la división del alma y del espíritu, de las

---

[38] Véase Arrowsmith sobre Juan 1:1; y Gomaro sobre Juan 1:1; Lucas 1:2; y Hebreos 4:12.

[39] Arrowsmith sobre Juan 1:1; Gomaro sobre Juan 1:1 y Hebreos 4:12; y el Dr. Owen sobre Hebreos 4:12.

coyunturas y los tuétanos, y demostrará ser κριτικὸς (discernidor crítico) de los pensamientos y las intenciones del corazón; porque entonces «sacará a la luz las cosas ocultas en las tinieblas y también pondrá de manifiesto los designios de los corazones»,[40] y hará saber «a todas las iglesias», es más, a todo el mundo, a los ángeles y a los hombres, que es Él el que «escudriña las mentes y los corazones»[41]; todo lo cual no puede aplicarse tan bien a la Palabra escrita.

Además, el versículo siguiente, que está estrechamente relacionado con este por la {conjunción} copulativa καὶ, aclara aún más el significado: «Y no hay cosa creada oculta a su vista, sino que todas las cosas están al descubierto y desnudas ante los ojos de aquel a quien tenemos que dar cuenta»[42]. Aquí el apóstol habla manifiestamente de una Persona, y no de una cosa; habla de Alguien omnisciente a quien tenemos que dar cuenta en el día del Juicio. Las palabras πζὸς τὸν ἡμῖν ὁ λόγος en la última cláusula pueden traducirse *a quien tenemos que dar cuenta*.[43] Ahora bien, ¿a quién tenemos que dar cuenta? No a la Palabra escrita, sino a una Persona divina, como dice el apóstol: «De modo que cada uno de nosotros dará a Dios cuenta de sí mismo».[44] Los ministros son responsables de predicar la Palabra, y las personas de oírla; pero no se dará cuenta a la Palabra escrita, sino a Cristo, la Palabra viva.

Además, en el versículo 14 {de Hebreos 4} se dice que este Verbo es un gran sumo sacerdote que trascendió los cielos en nuestro lugar. No puede ser otro que Cristo, quien, habiendo asumido nuestra

---

[40] Nota de los traductores: 1 Corintios 4:5.

[41] Nota de los traductores: Apocalipsis 2:23.

[42] Nota de los traductores: Hebreos 4:13.

[43] Nota de los traductores: *a quien tenemos que dar cuenta* o *rendir cuenta* —Así lo traducen las versiones protestantes ortodoxas en español. El autor especifica la traducción porque la versión inglesa que estaba citando (KJV) traduce «with whom we have to do», frase cuyo significado arcaico en este contexto expresa, de una manera más general, responsabilidad y deber hacia alguien.

[44] Romanos 14:12.

naturaleza y habiéndose ofrecido a Sí mismo en sacrificio por nosotros, como sumo sacerdote trascendió los cielos, donde vive perpetuamente para interceder por nosotros; algo que el apóstol usa como argumento para que los creyentes mantengan firme su profesión y se acerquen con confianza al trono de la gracia.

No puedo dejar de observar que muchas de las cosas que el apóstol dice aquí sobre el Verbo, las dice también el judío Filón sobre el Logos. Así como interpreta que los querubines en Génesis 3:24 son símbolos de los dos poderes de Dios (Su bondad y Su poder),[45] también considera que la espada encendida es un símbolo de Su Logos o Verbo, al que describe como muy veloz y ferviente. En otra parte dice que Dios, por medio de Su Logos, corta y divide todas las cosas, es decir, todas las cosas perceptibles, hasta los átomos y las cosas indivisibles.[46] Lo representa como muy rápido de vista[47] y capaz de ver todas las cosas que son dignas de ser vistas. Además, a veces habla de este Logos como el Mediador entre Dios y los hombres,[48]

---

[45] Ἀρχῆς μὲν οὖν καὶ ἀγαθότητος τῶν δυεῖν δυνάμεων τὰ χερουβὶμ εἶναι σύμβολα λόγου δὲ τὴν φλογίνην ῥομφαίαν. Ὀξυκινητότατον γὰρ καὶ θερμὸν λόγος, etc. (Filón, *De cherubim* {título oficial: *Sobre los querubines…*}, p. 112). Nota de los traductores: Para traducir al español todos los fragmentos tomados de esta fuente nos guiamos por la edición citada por el autor.

[46] ᾧ τομεῖ τῶν συμπάντων αὐτῷ λόγῳ, ὃς εἰς τὴν ὀξυτάτην ἀκονηθεὶς ἀκμήν, διαιρῶν οὐδέποτε λήγει τὰ αἰσθητὰ πάντα ἐπειδὰν μέχρι τῶν ἀτόμων, καὶ λεγομένων ἀμερῶν διεξέλθῃ. Πάλιν ἀπὸ τούτων, τὰ λόγῳ θεοστητὰ εἰς ἀμυθήτους καὶ ἀπεριγράφους μοίρας ἄρχεται διαερεῖν οὗτος ὁ τομεὺς. (Filón, *Quis rerum divinarum heres* {título oficial: *Sobre quién es el heredero de las cosas divinas*}, p. 499). Nota de los traductores: Para traducir al español todos los fragmentos tomados de esta fuente nos guiamos por la edición citada por el autor.

[47] Οὕτω καὶ ὁ θεῖος λόγος ὀξυδερκέστατός ἐστιν, ὡς παντὰ ἐφορᾶν εἶναι ἱκανὸς, ᾧ τὰ θέας ἄξια κατόφονται—τὶ γὰρ ἂν εἴη λαμπρότερον ἢ τηλαυγέστερον θείου λόγου. (Filón, *Legum Allegoriae*, Libro 2, p. 92).

[48] Τῷ δὲ ἀρχαγγέλῳ καὶ πρεσβυτάτῳ λόγῳ δωρεὰν ἐξαίρετον ἔδωκεν ὁ τὰ ὅλα γεννήσας πατήρ, ἵνα μεθόριος στὰς, τὸ γενόμενον διακρίνῃ τοῦ πεποιηκότος. Ὁ δ' αὐτὸς ἱκέτης μέν ἐστι τοῦ θνητοῦ κεραίνοντος ἀεὶ πρὸς τὸ ἄφθαρτον, πρησβευθὴς δὲ τοῦ ἡγεμόνος πρὸς τὸ ὑπήκοον. (Filón, *Quis rerum divinarum heres*, p. 509).

como uno que hace expiación y es un Abogado ante Dios. Dice que es el verdadero Sumo Sacerdote,[49] que está libre de todo pecado,[50] voluntario e involuntario, que es exactamente el Sumo Sacerdote que el apóstol Pablo dice que es Jesucristo en Hebreos 7:26. Pero sigamos avanzando.

Al igual que el evangelista Juan, el apóstol Pablo usa esta frase con el mismo significado exactamente y le atribuye la Creación del mundo en Hebreos 11:3 al decir: «Por la fe entendemos que el universo fue preparado por la palabra de Dios…». Lo mismo hace el apóstol Pedro en su segunda Epístola, capítulo 3, versículo 5, donde observa que los burladores «ignoran voluntariamente, que en el tiempo antiguo fueron hechos por la palabra de Dios los cielos, y también la tierra, que proviene del agua y por el agua subsiste» {RVR60}. Y añade en el versículo 7 que, «los cielos y la tierra que existen ahora, están reservados por la misma palabra, guardados para el fuego» {RVR60}. Además, en 1 Pedro 1:23 se dice que los santos son «renacidos, no de simiente corruptible, sino de incorruptible, por la palabra de Dios que vive y permanece para siempre» {RVR60}; Palabra que se distingue del evangelio en el versículo 25.

De todos estos pasajes puede concluirse que esta frase no fue peculiar del evangelista Juan, sino que fue usada, aunque no con tanta frecuencia, por los otros apóstoles.

---

[49] Ὅτι ὁ πρὸς ἀλήθειαν ἀρχιερεὺς καὶ μὴ ψευδώνυμος, ἀμέτοχος ἁμαρτημάτων, ἐστὶν. (Filón, *De victimis* {trad. no oficial: *Sobre los animales adecuados para el sacrificio*}, p. 843).

[50] Λέγομεν γὰρ, τὸν ἀρχιερέα οὐκ ἄνθρωπον, ἀλλὰ λόγον θεῖον εἶναι, πάντων οὐκ ἑκουσίων μόνον, ἀλλὰ καὶ ἀκουσίων ἀδικημάτων ἀμέτοχον. (Filón, *De profugis*, p. 466).

IV.2.A.3. ¿Por qué Cristo es llamado «el Verbo»?

En tercer lugar, prosigo inquiriendo por qué la segunda Persona se llama «el Verbo». Se lo puede llamar con este Nombre porque, así como la palabra o concepción de la mente (que es Λόγος ἐνδιάθετος)[51] es el nacimiento de la mente, engendrada de esta intelectual e inmaterialmente, sin pasión ni movimiento, y es la expresión exacta y representación de la mente, y es de la misma naturaleza que la mente, aunque algo distinto de esta, también Cristo es el Engendrado del Padre, el resplandor de Su gloria y la expresión exacta de Su Persona, es de la misma naturaleza que Él, aunque es una Persona distinta de Él.

También se lo puede llamar «el Verbo» por alguna acción o acciones que se le atribuyen. Habló en el Consejo antiguo, cuando se consideraron, consultaron y acordaron los métodos de salvación del hombre, y declaró que Él sería el Fiador de todos los elegidos. Se hizo responsable de garantizar cada bendición y cada promesa del Pacto de Gracia. Aceptó cada una de las propuestas de Su Padre y estuvo de acuerdo con todos los artículos del pacto entre Ellos. Habló para traer a la existencia todas las cosas de la nada en la primera Creación. Dijo: «Sea [...]; y hubo...»; «Haya [...]. Y fue así»;[52] «Él

---

[51] Λόγος οὐ ῥητὸς, ἀλλὰ οὐσιωδης, οὐ γὰρ ἐστι λαλιᾶς ἐνάρθου φώνημα, ἀλλ' ἐνεργείας θεϊκῆς οὐσία γεννητὴ. (Ignacio, *Major Epistula ad Magnesios* {título oficial: *Epístola a los magnesianos: Versión más extensa*}, ed. Voss., p. 147 {Nota de los traductores: Para traducir al español todos los fragmentos tomados de esta fuente nos guiamos por la edición citada por el autor}). Ἐξ ἀρχῆς γὰρ ὁ Θεὸς, νοῦς ἀΐδιος ὢν, εἶχεν αὐτὸς ἐν ἑαυτῷ τὸν λογὸν ἀϊδίως λογικὸς ὢν. (Atenágoras, *Legatio pro Christianis*, ed. Paris, p. 10). Ἔχων οὖν ὁ Θεὸς, τὸν ἑαυτοῦ λόγον ἐνδιάθετον ἐν τοῖς ἰδίοις σπλάγχνοις, ἐγέννησεν αὐτὸν μετὰ τῆς ἑαυτοῦ σοφίας ἐξερευξάμενος πρὸ ὅλων. (Teófilo de Antioquía, *Ad Autolycum* {título oficial: *A Autólico*}, ed. Paris, Libro 2, p. 88). Ἀληθεία διηγεῖται τὸν λόγον, τὸν ὄντα διαπαντὸς ἐνδιάθετον ἐν κάρδια Θεοῦ. (Idem. p. 100). Αὐτὸς καὶ ὁ λόγος ὃς ἦν ἐν αὐτῷ ὑπέστησε θελήματι δὲ τῆς ἁπλότητος αὐτοῦ προπηδᾷ λόγος. (Tatian, *Contra Gentes* {trad. no oficial: *Contra los paganos*}, ed. Paris, p. 145).

[52] Nota de los traductores: Véase Génesis 1.

habló, y fue hecho; Él mandó, y todo se confirmó».[53] Él es la Palabra {o el Verbo} de la que hablaron todos los santos del Antiguo Testamento y de la que profetizaron todos los profetas que han existido desde el principio del mundo; es la suma y sustancia de todas las promesas y profecías del Antiguo Testamento. Además, Él es el intérprete de la mente de Su Padre, así como nuestra palabra o habla (que es Λόγος πζοφορικὸς)[54] es el intérprete de nuestras mentes. Por eso se lo puede llamar «el Verbo». «Nadie ha visto jamás a Dios; el unigénito Dios, que está en el seno del Padre, Él le ha dado a conocer».[55] Como conocía todos los pensamientos, propósitos y designios del Padre, podía declarar Su mente y voluntad a Su pueblo; lo que ha hecho en todas las generaciones. Fue la voz de Cristo, el Verbo del Señor Dios, la que oyó Adán en el huerto; fue Cristo quien le dijo: —*Adán, ¿dónde estás?*[56] Fue el mismo Verbo del Señor quien siguió hablando con él y con su mujer, y con la serpiente, e hizo la primera revelación de la gracia al hombre caído. Fue el Verbo quien se apareció a los patriarcas y a los profetas en siglos posteriores e hizo aún mayores revelaciones de la mente y voluntad de Dios; pero nunca tan plena y claramente como cuando se hizo carne y habitó entre nosotros, porque entonces «Dios, habiendo hablado hace

---

[53] Nota de los traductores: Salmos 33:9.

[54] En la época de Justino Mártir, algunos lo llamaron «el Verbo» por esta razón: Ἐπειδὴ καὶ τὰς παρὰ τοῦ πατρὸς ὁμιλίας φέρει τοῖς ἀνθρώποις. (Justino Mártir, *Dialogus cum Tryphone* {título oficial: *Diálogo con Trifón*}, ed. París, p. 358). Teófilo de Antioquía lo llama λόγος προφορικὸς (*Ad Autolycum*, Libro 2, p. 100). Τοῦτον τὸν λόγον ἐγέννησε προφορικὸν, πρωτότοκον πάσης κτίσεως οὐ κενωθεὶς αὐτός τοῦ λόγου, ἀλλὰ λόγον γεννήσας, καὶ τῷ λόγῳ αὐτοῦ διαπαντὸς ὁμιλῶν. Clemente de Alejandría niega que lo sea: Ὁ γὰρ τοῦ πατρὸς τῶν ὅλων λόγος, οὐχ οὗτός ἐστιν ὁ προφορικὸς. (*Stromata* {título oficial: *Stromata o Misceláneas*}, ed. Sylburg, Libro 5, p. 547). Obsérvese que los escritores que han usado estas frases no las entendían como los sabelianos, como si el λόγος fuera solo un atributo y no una Persona real.

[55] Nota de los traductores: Juan 1:18.

[56] Véanse los tárgumim de Onkelos y Jonathan sobre Génesis 3:8, y el *Tárgum de Jerusalén* sobre Génesis 3:9.

mucho tiempo, en muchas ocasiones y de muchas maneras a los padres por los profetas, en estos últimos días nos ha hablado por su Hijo»[57].

Además, Cristo, como Verbo, responde por los elegidos en el Tribunal del Cielo, donde comparece en presencia de Dios en lugar de ellos, actúa como Mediador por ellos, pide y exige las bendiciones de la gracia para ellos como fruto de Su muerte, defiende su causa y responde ante todos los cargos y acusaciones que se presentan contra ellos. De modo que, por estas consideraciones, se lo puede llamar propiamente «el Verbo» y «la Palabra {o el Verbo} de Dios».

---

[57] Nota de los traductores: Véase Hebreos 1:1-2.

Capítulo 6
Sobre la deidad del Verbo

IV. Los respectivos Nombres, la deidad propia y la personalidad distinta de cada uno de estos tres: el Padre, el Verbo y el Espíritu (Continuación)

Habiendo considerado el Nombre de Λόγος o Verbo, ahora procederé a dar pruebas de Su deidad propia.

IV.2.B. Algunas pruebas de la deidad del Λόγος o Verbo

Para ello seguiré este método:

> IV.2.B.1. Me propondré demostrar Su deidad con los Nombres divinos que se le dan.
>
> IV.2.B.2. Con las perfecciones divinas que posee.
>
> IV.2.B.3. Con las obras divinas que se le atribuyen.
>
> IV.2.B.4. Con la adoración divina que se le debe.

IV.2.B.1. Los Nombres divinos que se le dan

En primer lugar, me propondré probar la deidad propia de Cristo con los Nombres divinos que se le dan; tales como:

Jehová

Jehová es un Nombre que expresa la esencia divina, pues se explica bien con la frase «YO SOY EL QUE SOY» en Éxodo 3:14; y es descifrado verazmente por Juan en Apocalipsis 1:4 con la frase «aquel que es y que era y que ha de venir». Este es el Nombre con el que Dios se dio a conocer a Moisés, y por medio de él, al pueblo de

Israel. Con este Nombre no se había dado a conocer a sus padres Abraham, Isaac y Jacob; es decir, de una manera tan completa y amplia como se dio a conocer a ellos. Tal Nombre siempre ha sido tenido en gran estima entre los judíos y ha sido muy venerado por ellos, incluso hasta llegar a una supersticiosa abstinencia de pronunciarlo que surgió de una interpretación errónea de Levítico 24:16.[1] Es en verdad ese Nombre glorioso y temible que debemos temer y reverenciar, siendo propio y peculiar del Ser divino, e incomunicable a ninguna criatura: «Y conozcan que tu nombre es Jehová; Tú solo Altísimo sobre toda la tierra».[2] Por tanto, si demuestro que Jesucristo se llama Jehová o que se le da este Nombre, pruebo que Jesús es el Dios Altísimo. Lo cual se hará mejor comparando algunos textos de la Escritura del Antiguo Testamento con otros textos del Nuevo Testamento.

Podemos comenzar con Éxodo 17:7:

Y puso a aquel lugar el nombre de Masah y Meriba, por la contienda de los hijos de Israel, y porque tentaron al Señor [o Jehová], diciendo: ¿Está el Señor [o Jehová] entre nosotros o no?

De aquí se deduce claramente que Aquel a quien tentaron los israelitas en el desierto era Jehová. Sin embargo, nada es más evidente que se trataba del Señor Jesucristo, como se deduce de 1 Corintios 10:9: «Ni provoquemos al Señor, como algunos de ellos le provocaron, y fueron destruidos por las serpientes». Si es así, entonces Cristo es Jehová y, por consiguiente, el Dios Altísimo.

En Isaías 6:1 también se dice que «[e]n el año de la muerte del rey Uzías» Isaías vio «al Señor [Adonai] sentado sobre un trono»; a quien los serafines en el versículo 3 llaman Jehová Sebaot, como lo llama Isaías en el versículo 5. Y en los versículos 8-9 esta misma

---

[1] Véase Johannes Buxtorf, *Lexicon hebraicum et chaldaicum* {trad. no oficial: *Léxico hebreo y caldeo*}, en la entrada correspondiente a la raíz היה.

[2] Salmos 83:18 {RVR60}.

gloriosa Persona divina lo envió con un mensaje a los judíos diciendo: «"Escuchad bien…"». Pero nuestro Señor Jesucristo aplica a Sí mismo estas palabras en Juan 12:39-41 y observa que «[e]sto dijo Isaías porque vio su gloria, y habló de Él».

Además, en Isaías 40:3 se dice: «Una voz clama: Preparad en el desierto camino al Señor [o Jehová]; allanad en la soledad calzada para nuestro Dios»; palabras que el evangelista Mateo (3:1-3) aplica a Juan el Bautista. Ahora bien, el Señor o Jehová, Cuyo camino Juan debía preparar, no podía ser otro que Jesucristo, Cuyo heraldo y precursor era Juan; y Cuyo camino Juan preparó y Cuyas sendas allanó predicando la doctrina del arrepentimiento, administrando la ordenanza del bautismo y declarando que el Reino de los cielos o del Mesías estaba cerca.

Por otra parte, en Jeremías 23:6 el Mesías es llamado expresamente «el Señor [o Jehová], justicia nuestra», pues Su obra y ocupación es traer justicia eterna, y bien concuerda con Jesucristo, quien es «el fin de la ley para justicia a todo aquel que cree»[3].

Una vez más, en Zacarías 12:10 Jehová promete que Él derramaría «sobre la casa de David y sobre los habitantes de Jerusalén, el Espíritu de gracia y de súplica»; y añade: «y me mirarán a mí [es decir, a Jehová], a quien han traspasado»; palabras que — según el evangelista Juan— se cumplieron cuando uno de los soldados traspasó el costado de Cristo con una lanza, y al momento salió sangre y agua (Jua. 19:34, 37). El mismo pasaje se menciona también en Apocalipsis 1:7 y se aplica a Jesucristo.

Ahora bien, en estos y muchos otros pasajes se hace referencia Jesucristo con el Nombre Jehová; y si Él es Jehová, entonces debe ser verdadera y propiamente Dios, ya que este Nombre es incomunicable a cualquier otro.

---

[3] Nota de los traductores: Romanos 10:4.

Se objeta que este Nombre (Jehová) a veces se da a seres creados; por ejemplo, a los ángeles (Gén. 18:13; Éxo. 3:2; 23:20),[4] al arca (Núm. 10:35; 32:20; Deu. 12:7; Jos. 24:1; 2 Sam. 6:2; Sal. 24:8),[5] a Jerusalén (Jer. 33:16; Eze. 48:35), a los altares (Éxo. 17:15; Jue. 6:24), al monte donde Isaac iba a ser sacrificado (Gén. 22:14), y a los jueces y a los sacerdotes (Deu. 19:17). A lo cual respondo que

- En cuanto a la prueba de que los ángeles son llamados Jehová, ya he demostrado que en todos los pasajes citados no se refiere a un ángel creado, sino a uno increado, es decir, a una Persona divina, que no es otro que Jesucristo, el Ángel del pacto, y que estas son otras tantas pruebas de que Él es Jehová y, por consiguiente, es de Su propia divinidad.

- Tampoco el arca es llamada Jehová en ninguna parte. Número 10:35-36 es una oración de Moisés al verdadero Jehová, no al arca, a la cual no podía dirigirse sin idolatría. El significado de estas palabras se comprende mejor comparándolas con Salmos 132:8. En muchos de los pasajes presentados no se menciona ni se está refiriendo al arca, ni en Números 32:20, ni en Deuteronomio 12:7, ni en Josué 24:1. Tampoco se usa allí la palabra Jehová, sino Elohim. Y en 2 Samuel 6:2, no el arca, sino Dios, de quien era el arca, es llamado por el Nombre de «el Señor de los ejércitos». Salmos 24:8 tampoco se refiere al arca, ni esta podría ser llamada «Rey de la gloria» o «el Señor, poderoso en batalla» sin manifiesta impiedad.

- Tampoco se da el Nombre Jehová a Jerusalén en Jeremías 33:16, sino al Mesías, como se deduce de

---

[4] Crellius, *De Deo et ejus attributis* {trad. no oficial: *De Dios y Sus atributos*}, cap. xi, p. 80.

[5] Georg Enjedin, *Explicationes locorum Veteris et Novi Testamenti* {trad. no oficial: *Explicaciones de pasajes del Antiguo y el Nuevo Testamento*}, p. 25. Aquí lo contradice Crellius, *De Deo et ejus attributis*, cap. xi, pp. 83-85.

Jeremías 23:6, pues las palabras pueden traducirse así: *Este es el Nombre con que será llamado por esta: el Señor, justicia nuestra.* Tampoco se le da este nombre en Ezequiel 48:35 de manera absoluta, sino en composición o con una adición; y es solo un símbolo de la presencia de Jehová con Jerusalén. Así también el Señor la llama Hepsiba y Beula, porque Él se deleitaba en esta y estaba casado con esta (Isa. 62:4).

- Lo mismo puede decirse del monte Moriah y de los altares a los que se refiere la objeción, que se llamaban Jehová-jireh, Nissi, Shalom; nombres que no expresan la naturaleza o esencia de Dios, sino que son solo simbólicos y están destinados a recordar la ayuda divina y asistencia por gracia para con Su pueblo y la maravillosa aparición de Jehová ante ellos.

- Tampoco se llama Jehová a los sacerdotes y a los jueces en Deuteronomio 19:17 porque Jehová no debe explicarse con ellos, sino que se distingue de ellos. Y aunque está unido a ellos, esto solo señala Su presencia en asuntos judiciales: «Dios está en la reunión de los dioses; [e]n medio de los dioses juzga»[6].

En su conjunto, el argumento que prueba la divinidad de Cristo con el Nombre incomunicable Jehová, que le fue dado, se mantiene firme e inamovible.

Dios

Prosigo para mostrar que se lo llama Dios de manera absoluta, y esto, tanto en el Antiguo como en el Nuevo Testamento. Salmos 45:6 dice: «Tu trono, oh Dios, es eterno y para siempre». Aquí «Dios» se refiere al «Hijo», ya que en el versículo 7 se lo distingue de Dios el Padre, quien es llamado Su Dios, y se dice que ha sido ungido por Él con

---

[6] Nota de los traductores: Salmos 82:1 {RVR60}.

óleo de alegría. Además, esto no lo discute el autor de la Epístola a los Hebreos (1:8): «Pero del Hijo dice: TU TRONO, OH DIOS...».

Nuevamente, en Isaías 45:22-23 se presenta una Persona divina hablando así: «Volveos a mí y sed salvos, todos los términos de la tierra; porque yo soy Dios, y no hay ningún otro. Por mí mismo he jurado...» (Isa. 45:22-23); palabras que el apóstol Pablo aplica a Cristo en Romanos 14:10-12.

En el Antiguo Testamento se podrían encontrar muchos otros pasajes de la misma naturaleza. Me limitaré a mencionar uno del Nuevo Testamento que se encuentra en Juan 1:1: «En el principio existía el Verbo, y el Verbo estaba con Dios, y el Verbo era Dios». No hay dudas de quién es el Verbo, puesto que se distingue de Dios el Padre, con quien estaba, y de quien se dice en el versículo 14 que se hizo carne y habitó entre nosotros. Tampoco es de extrañar que sea llamado Dios de manera absoluta y en el sentido más elevado y propio de la palabra, en vista de que existía en forma de Dios y no tuvo por usurpación ser igual a Dios.[7]

Dios con algunos epítetos adicionales

Pero procedo a observar que Cristo es llamado Dios con algunos epítetos adicionales, como son: nuestro Dios, vuestro Dios, su Dios y Dios mío.

En Isaías 25:9 y 40:3 es llamado «nuestro Dios». El escopo y las circunstancias de los textos muestran manifiestamente que se trata del Mesías, a quien los judíos esperaban, y Cuyo precursor y heraldo debía ser Juan el Bautista.

Es llamado «vuestro Dios» en Isaías 35:4-5: «... Entonces se abrirán los ojos de los ciegos, y los oídos de los sordos se destaparán»;

---

[7] Nota de los traductores: Véase Filipenses 2:6a {LBLA} y 2:6b {RV-SBT}.

todo lo cual se cumplió en tiempos del Mesías y fue apelado por Él como prueba de Su mesiazgo y deidad.

Es llamado «el Señor su Dios» en Lucas 1:16. Estas palabras «están, en construcción estricta, inmediatamente conectadas con la siguiente palabra "Él" [v. 17], que necesariamente debe entenderse como que se está refiriendo a Cristo».[8]

En Juan 20:28, Tomás lo llama: «¡Señor mío y Dios mío!». Estas palabras no son un apóstrofe al Padre, sino una confesión completa y amplia de la deidad de Cristo y de estar en Él.

Ahora bien, aunque los ángeles, los magistrados y los jueces son llamados «dioses» en un sentido impropio y metafórico, nunca son llamados nuestros dioses, vuestros dioses, {sus dioses, dioses nuestros}, etc. Este modo de hablar es propio de quien es verdadera y propiamente Dios. De nuevo, uno de los Nombres del Mesías es Emanuel (Isa. 7:14), «que traducido significa: DIOS CON NOSOTROS» (Mat. 1:23), es decir, Dios en nuestra naturaleza, revestido de nuestra carne y habitando entre nosotros; o, en otras palabras, es Dios «manifestado en la carne» (1 Tim. 3:16). Sobre este {último} texto el propio Dr. Clarke observa que

> … ha sido una gran controversia entre los eruditos si Θεός (ὅς ο ὅ) es la verdadera redacción en este lugar. Pero en realidad no es de gran importancia, porque el significado es evidente: que la Persona que San Juan llama Θεός (Dios) en el comienzo de su evangelio se manifestó en la carne.[9]

Por otra parte, es llamado «Dios Poderoso» en Isaías 9:6. Y aunque los judíos quieren torcer esta profecía para aplicarla a

---

[8] Dr. Clarke, *The Scripture doctrine of the Trinity* {trad. no oficial: *La doctrina de la Trinidad según las Escrituras*}, Parte 1, sección 1, cap. 2, punto n.º 534.

[9] Dr. Clarke, *The Scripture doctrine of the Trinity*, Parte 1, sección 2, cap. 2, punto n.º 540. Debido a un error de referencia, el libro original dice punto n.º 54.

Ezequías,[10] sus intentos han sido vanos e infructuosos. Se trata de una gloriosa profecía del Mesías y expresa Su divinidad propia, Su humanidad real y Sus excelentes oficios; oficios que ha asumido para el bien de Su pueblo y es capaz de desempeñar porque es el «Dios Poderoso». Del mismo modo se dice que «está sobre todas las cosas, Dios bendito por los siglos» (Rom. 9:5). Es insignificante observar que cuando se dice que Cristo está sobre todas las cosas es necesario exceptuar al Padre,[11] pues nadie defiende una superioridad del Hijo sobre el Padre, sino Su igualdad con Él; ni el énfasis de la prueba de la divinidad de Cristo según este texto se pone en que está sobre todas las cosas, sino en que es Dios bendito por los siglos.

Además, Cristo es llamado el «gran Dios» en Tito 2:13. Es la manifestación de Su gloria, y no la del Padre, la que estaban aguardando los santos; y es de Cristo de quien son claramente exegéticas las palabras siguientes: «y Salvador Cristo Jesús».

Se objeta que esta frase: «Como en el Antiguo Testamento el "gran Dios" es el Nombre del Padre, en el Nuevo Testamento nunca se usa {para hablar} de Cristo, sino solo del Padre (Apo. 19:17)».[12]

Este texto de Apocalipsis, además del de Tito, es el único del Nuevo Testamento en el que se usa esta frase, y se refiere explícitamente a Aquel que es llamado el Verbo de Dios (Apo. 19:13), de quien se dice que en Su manto y en Su muslo tiene un nombre escrito: REY DE REYES Y SEÑOR DE SEÑORES (Apo. 19:16) y es representado a Juan como un Guerrero poderoso y Conquistador triunfante que se venga de los grandes de la tierra. Por

---

[10] Véase mi libro {John Gill,} *The prophecies of the Old Testament, respecting the Messiah…* {trad. no oficial: *Las profecías del Antiguo Testamento con respecto al Mesías…*}, cap. xiii, pp. 200 en adelante.

[11] Dr. Clarke, *The Scripture doctrine of the Trinity*, Parte 1, sección 1, cap. 2, punto n.º 539.

[12] Dr. Clarke, *Commentary on 40 select texts* {trad. no oficial: *Comentario sobre 40 textos selectos*}, p. 86.

eso un ángel llama a las aves del cielo para que vengan y se congreguen para la cena de este Gran Dios, que no parece ser otro que Aquel que antes fue llamado el Verbo de Dios, caracterización que pertenece peculiarmente a Jesucristo.

Una vez más es llamado «el verdadero Dios» en 1 Juan 5:20:[13]

> Y sabemos que el Hijo de Dios ha venido y nos ha dado entendimiento a fin de que conozcamos al que es verdadero; y nosotros estamos en aquel que es verdadero, en su Hijo Jesucristo. Este es el verdadero Dios y la vida eterna.

Es decir, Jesucristo es el verdadero Dios, pues es el antecedente inmediato del pronombre demostrativo «este», y en esta Epístola (1 Jua. 1:2) se dice explícitamente que es la vida eterna. Puesto que tan frecuentemente Cristo es llamado Dios con estos epítetos adicionales, que son peculiares del solo y único Dios, se deduce que debe ser verdadera y propiamente Dios.

IV.2.B.2. *Por las perfecciones divinas que posee*

En segundo lugar, la divinidad propia de Cristo puede deducirse firmemente de las perfecciones divinas que posee: «Porque toda la plenitud de la Deidad reside corporalmente en Él».[14] No hay ninguna perfección esencial a la Deidad que no esté en Él, ni hay ninguna que tenga el Padre que Él no tenga igualmente, porque Cristo dice: «Todo lo que tiene el Padre es mío…».[15]

La independencia y la existencia necesaria son esenciales a la Deidad. Aquel que es Dios existe necesariamente, no recibe Su existencia de otro ni depende de otro. Así es el Señor Jesucristo, pues aunque no es αὐτουιὸς (Hijo de Él mismo), sí es αὐτοθεὸς (Dios por Sí mismo). Aunque, como hombre y Mediador, tiene una vida que

---

[13] Véase los sermones del Dr. Calamy, pp. 56-57.

[14] Colosenses 2:9.

[15] Juan 16:15.

recibe del Padre y vive por el Padre, aun así, como Dios, no debe Su existencia a nadie; esta no se deriva de otro. Él «está sobre todas las cosas, Dios bendito por los siglos».[16]

La eternidad es propia de la Divinidad. Aquel que es Dios existe desde la eternidad hasta la eternidad. Jesucristo no solo existía antes que Abraham, sino incluso antes que Adán; es más, antes que existiera criatura alguna. Porque si Él es el ἀρχὴ (Principio),[17] la primera causa de la Creación de Dios, si Él es πρωτότοκος πάσης κτίσεως[18] (el primer Progenitor, Engendrador o Productor de toda creación),[19] si en el principio de la Creación de todas las cosas Él estaba con Dios, y si por medio de Él fueron hechas todas las cosas, entonces Él debe existir antes de todas las cosas. Fue constituido Mediador desde la eternidad y tenía gloria con Su Padre antes de que el mundo existiera. Sus salidas o acciones en el Pacto de Gracia en favor de Su pueblo son desde el principio, desde los días de la eternidad.[20] Los elegidos de Dios fueron escogidos en Él antes de la fundación del mundo, y la gracia les fue dada en Él desde la eternidad. En resumen, Él es el Alfa y la Omega, el primero y el último, principio y fin, el que es y que era y que ha de venir.[21] Por lo

---

[16] Nota de los traductores: Romanos 9:5.

[17] Apocalipsis 3:14.

[18] Colosenses 1:15.

[19] Esta es la interpretación correcta de este texto, si solo concedemos que el acento (todos los acentos fueron añadidos a las palabras desde los días de los apóstoles) está mal colocado y que, en vez de πρωτότοκος (el primogénito), debería ser el πρωτοτόκος (primer Progenitor o Formador) de toda creación. Este único cambio haría que el significado de estas palabras sea llano y claro, y las libraría de todas las dificultades que han surgido por causa de este error (véase Bedford, *Scripture Chronology*, p. 163, nota al margen). A esto solo añadiría que este significado de la palabra hace que el razonamiento del apóstol en el versículo siguiente {Col. 1:16} tenga mucha más belleza, fuerza y contundencia.

[20] Nota de los traductores: Miqueas 5:2 {RVR60}.

[21] Apocalipsis 1:8.

tanto, es un Antitipo muy propio de Melquisedec, «no teniendo principio de días ni fin de vida».

Además, la omnipresencia y la inmensidad son propias de Dios. Aquel que es Dios está en todas partes; no está limitado a ningún lugar, sino que llena los cielos y la tierra con Su presencia. Como Hijo de Dios, Jesucristo estaba en el Cielo, mientras que, como Hijo del hombre, estaba aquí en la tierra (Jua. 3:13), lo cual no podría ser si no fuera el Dios omnipresente, como tampoco podría cumplir las promesas que hace en Mateo 18:20 y 28:20 de que estará con Su pueblo cuando se reúna en Su Nombre, y con Sus ministros, hasta el fin del mundo. Tampoco podría andar en medio de Sus candelabros de oro (Apo. 2:1) o estar presente en todas Sus iglesias, como ciertamente lo está, y llenarlo todo (Efe. 4:10), como ciertamente lo llena.

La omnisciencia es otra perfección de la Deidad que es fácil de observar en Jesucristo.[22] Él sabía lo que había en el hombre, incluso los pensamientos y razonamientos secretos de la mente. Pudo decirle a la mujer de Samaria todo lo que había hecho. Desde el principio conocía quién creería en Él y quién lo traicionaría. Pedro apeló a Jesucristo como Aquel que escudriña los corazones y dijo: «Señor, tú lo sabes todo; tú sabes que te quiero».[23] Él es en verdad ese Λόγος o Verbo divino que discierne los pensamientos y las intenciones del corazón,[24] quien, en breve hará saber a todas las iglesias que Él es el que «escudriña las mentes y los corazones».[25] Y aunque se dice que no conoce el día y la hora del Juicio, esto no debe entenderse de Él como Dios, sino como hombre.[26]

---

[22] Juan 2:25; Mateo 9:4; Juan 4:29 y 6:64.
[23] Juan 21:17.
[24] Hebreos 4:12.
[25] Apocalipsis 2:23.
[26] Marcos 13:32.

La omnipotencia es otra perfección esencial de Dios y puede predicarse[27] verdaderamente de Jesucristo, quien es el Todopoderoso.[28] Sus obras de Creación, providencia y sustento, así como las de redención y preservación de Su pueblo, y la resurrección de ellos de entre los muertos, obras que ha realizado, realiza y realizará, «por el ejercicio del poder que tiene aun para sujetar todas las cosas a sí mismo»,[29] proclaman en voz alta Su omnipotencia.

Una vez más, Aquel que es Dios es inmutable, con Él no hay cambio ni sombra de variación. Y de Jesucristo se dice que es el mismo, y que Sus años no tendrán fin;[30] es más, que es «el mismo ayer y hoy y por los siglos»[31].

En resumen, cualquier perfección que hay en Dios, la hay en Cristo; por lo tanto, Él debe ser verdadera, propia y esencialmente Dios.

IV.2.B.3. Por las obras divinas que se le atribuyen

En tercer lugar, la Deidad verdadera y propia de Cristo puede probarse plenamente por las obras divinas que ha realizado. En efecto, Él «no puede hacer nada por su cuenta, sino lo que ve hacer al Padre»;[32] es decir, no puede hacer nada más que lo que el Padre hace junto con Él o no puede hacer nada que se oponga a Su voluntad o no esté en Su potestad, porque {dice:} «Hasta ahora mi Padre trabaja, y yo también trabajo»[33]. Trabajan juntos como causas

---

[27] Nota de los traductores: *predicar* —Entiéndase aquí como «decir algo de un sujeto o de la realidad que designa» (REAL ACADEMIA ESPAÑOLA: *Diccionario de la lengua española*, 23.ª ed., [versión 23.7 en línea]. <https://dle.rae.es> [27 de marzo de 2024], *s. v.* predicar [acepción 5]).

[28] Apocalipsis 1:8.

[29] Nota de los traductores: Filipenses 3:21.

[30] Hebreos 1:12.

[31] Hebreos 13:8.

[32] Juan 5:19.

[33] Nota de los traductores: Juan 5:17.

coeficientes, aunque con distinción, pero no en contradicción el uno con el otro: «porque todo lo que hace el Padre, eso también hace el Hijo de igual manera [ὁμοίως]».[34]

Las obras que prueban Su Deidad son estas: La Creación de todas las cosas de la nada, el sostenimiento de todas las cosas por la Palabra de Su poder, la realización de milagros, la redención de Su pueblo, la resurrección de los muertos y el Juicio final.

Que todas las cosas, visibles e invisibles, fueron creadas en la imagen del Dios invisible es algo que el apóstol Pablo afirma enérgicamente;[35] y que todas las cosas fueron hechas por medio del Logos o Verbo y que «sin Él nada de lo que ha sido hecho, fue hecho» es algo que el evangelista Juan atestigua con la misma plenitud.[36] En efecto, se dice que Dios creó todas las cosas por medio de Jesucristo, y que por medio de Su Hijo, Dios hizo el mundo.[37] Sin embargo, Cristo no debe ser considerado la herramienta o instrumento del Padre, del que se sirvió para hacer todas las cosas, pues no se sirvió de nadie más para ello, sino la causa coeficiente que obra con Él igualmente. La preposición διὰ no siempre se refiere a la causa instrumental, a veces se usa con respecto a Dios el Padre.[38] Ahora bien, si la Creación, que es una obra puramente divina, se atribuye a Cristo, y Él es propiamente el Creador de todas las cosas, entonces Él mismo no puede ser una criatura; y si no es una criatura, debe ser Dios, porque entre Dios y una criatura no hay intermedio. Además, como Él ha hecho todas las cosas, por Él todas las cosas permanecen; dependen de Él. Como fundó la tierra, sostiene sus columnas; de hecho, sostiene todas las cosas por la Palabra de Su poder, de lo

---

[34] Nota de los traductores: Juan 5:19.
[35] Colosenses 1:15-16.
[36] Juan 1:1-3.
[37] Efesios 3:9; Hebreos 1:2.
[38] Romanos 11:36; 1 Corintios 1:9; Hebreos 2:10.

contrario, caerían en su anterior estado de inexistencia; y no podría sostenerlas si no fuera verdaderamente Dios.

Los milagros que hizo en Su propia Persona aquí en la tierra y los que fueron realizados por Sus apóstoles por Su poder divino no solo son pruebas de que Él es ὁ ἐζχόμενος (el Mesías que había de venir), sino también que el Padre está en Él, y Él en el Padre, o, en otras palabras, que Él es el Hijo de Dios y es igual que Dios.

La redención del pueblo de Dios, obtenida por Cristo a costa de Su sangre y de Su vida, es una plena demostración de Su Deidad. Si no hubiera sido Dios, no habría estado a la altura de la obra, ni el Padre se la habría confiado, ni Él la habría emprendido. La razón por la que es poderoso para salvar es que Él es el Dios Poderoso. Es Su verdadera y real Deidad la que ha puesto la debida virtud y eficacia en todas Sus acciones como Mediador. La razón por la que Su sacrificio es expiatorio del pecado y aceptable a Dios es que es el sacrificio de Sí mismo, y Él es Dios. La razón por la que Su justicia es suficiente para justificar a todos los elegidos es que es la justicia de Dios. Y la razón por la que Su sangre limpia de todo pecado es que es la sangre del Hijo de Dios. Ninguna otra sangre podría valer lo suficiente como para comprar la Iglesia y todas las bendiciones de la gracia para esta. Por eso se dice que Dios compró la Iglesia «con su propia sangre».[39]

Así como Cristo se resucitó Él mismo de entre los muertos por Su propio poder, y con ello ha declarado ser el Hijo de Dios, quien tuvo autoridad para poner Su vida y tomarla de nuevo, cosa que ninguna criatura tiene, también dará vida y resucitará a los muertos en el día final, porque será debido a Su poderosa voz que los que están en los sepulcros saldrán, unos a resurrección de vida, y otros a resurrección

---

[39] Hechos 20:28. Nota de los traductores: Debido a un error de referencia, el libro original dice Hechos 8:28.

de juicio.[40] Y así como por Él resucitarán los muertos, también por Él serán juzgados los vivos y los muertos: «Porque ni aun el Padre juzga a nadie, sino que todo juicio se lo ha confiado al Hijo, para que todos honren al Hijo así como honran al Padre».[41]

Ahora bien, si no fuera verdadera y propiamente Dios, no estaría a la altura de esta obra ni hubiera podido hacerla. Si no fuera Dios, no podría reunir a todas las naciones ante Sí, ni separar las ovejas de los cabritos y poner las unas a Su derecha y los otros a Su izquierda. Tampoco podría poner de manifiesto los designios de todos los corazones, ni dar a cada uno según sus obras, ni ejecutar la sentencia definitiva que Su boca pronunció.

IV.2.B.4. *Por la adoración como Dios que se le debe*

Que Cristo es verdaderamente Dios puede concluirse de la adoración como Dios que se le debe y se le da. Todos los ángeles de Dios están llamados a adorarlo, como lo han hecho, tanto antes como después de Su encarnación. De hecho, todos los hombres están obligados a honrar al Hijo y rendirle la misma honra y adoración que al Padre. Pero esto no se admitiría si no fuera el único Dios junto con el Padre, porque Él ha dicho: «mi gloria a otro no daré, ni mi alabanza a imágenes talladas»[42]. Él es el objeto del amor, la esperanza, la fe, la confianza y la dependencia de los santos; cosa que no sería si fuera una criatura, porque «[m]aldito el hombre que en el hombre confía, y hace de la carne su fortaleza».[43]

Su Nombre es invocado en oración y a Él se dirigen solemnes palabras; lo cual, si no fuera Dios, sería idolatría. De hecho, se ordena

---

[40] Juan 5:28-29.

[41] Juan 5:22-23a. Nota de los traductores: Debido a un error de referencia, el libro original dice Juan 5:22, pero también cita la primera parte del versículo 23.

[42] Isaías 42:8.

[43] Jeremías 17:5.

que la ordenanza del bautismo, que es un acto solemne de adoración religiosa, sea administrada en Su Nombre, así como en el Nombre del Padre y del Espíritu. En fin, nada prueba más fuertemente la divinidad de Cristo que el hecho de ser el objeto de adoración religiosa, de la cual Dios es siempre celoso, ni la compartiría jamás con Cristo si no fuera igual a Él en cuanto a naturaleza y sustancia.

Por todo lo dicho, podemos afirmar sin reservas la deidad de Cristo en los términos más plenos y fuertes; lo cual es un artículo {de la Fe cristiana} de la mayor importancia y trascendencia y proporciona el más sólido argumento y fundamento para la fe, la paz, el gozo y el consuelo.

CAPÍTULO 7
Sobre la filiación de Cristo

IV. Los respectivos Nombres, la deidad propia y la personalidad distinta de cada uno de estos tres: el Padre, el Verbo y el Espíritu (Continuación)

Habiendo probado en el capítulo anterior que Cristo es verdadera y propiamente Dios, ahora lo veremos como el Hijo de Dios.

IV.2.C. La personalidad distinta del Verbo

Para verlo como el Hijo de Dios, seguiré el siguiente método:

IV.2.C.1. Daré algunas pruebas y testimonios de Su filiación.

IV.2.C.2. Inquiriré en qué sentido es el Hijo de Dios.

IV.2.C.3. Y señalaré algunas cosas con respecto a la filiación de Cristo que pueden servir para ayudarnos y guiarnos en nuestros pensamientos e investigaciones al respecto.

IV.2.C.1. Algunas pruebas y testimonios de Su filiación

En primer lugar, daré algunas pruebas y testimonios de la filiación de Cristo. Nada se afirma con más fuerza que esta verdad: que Cristo es el Hijo de Dios. El Padre, el Verbo y el Espíritu han dado testimonio de ello, un ángel del Cielo lo ha declarado, los santos lo han confesado[1] y los demonios lo han reconocido.

---

[1] Nota de los traductores: *los santos lo han confesado* —Lit., *los santos han hecho confesiones de ello*.

Dios el Padre dio testimonio de la verdad de la filiación de Cristo

Dios el Padre dio testimonio de la verdad de la filiación de Cristo en el momento de Su bautismo con una voz del cielo que dijo: «Este es mi Hijo amado en quien me he complacido».[2] Y lo hizo nuevamente con palabras muy parecidas y del mismo modo en Su transfiguración en el monte.[3]

El Verbo dio testimonio de Sí mismo como Hijo de Dios

Tal vez sea esta la razón por la que el apóstol Juan emplea la expresión «el Verbo», y no «el Hijo», cuando habla de los tres que dan testimonio en el cielo, porque de lo que daban testimonio era de la filiación de Cristo. La acusación que los judíos presentaron, y por la cual exigieron juicio contra Cristo, fue «porque pretendió ser el Hijo de Dios».[4]

Él no solo afirmó que lo era, sino que también demostró serlo por obras y milagros incuestionables: «Hasta ahora mi Padre trabaja, y yo también trabajo»; y «Yo y el Padre somos uno».[5] Los judíos entendieron que, en estos pasajes, Cristo afirmaba ser el Hijo de Dios; y esto, para hacerse igual a Dios; lo cual, si hubiera sido un error, lo habría rectificado; pero en lugar de eso, dice todas las cosas apropiadas para reforzar Su filiación.

Y cuando fue acusado de blasfemia por afirmar Su filiación, apeló a Sus obras para reivindicarla, y jamás se retractó de Sus palabras. De hecho, cuando el sumo sacerdote le preguntó en Su juicio: «¿Eres tú el Cristo, el Hijo del Bendito?», Jesús respondió: «Yo soy».[6]

---

[2] Mateo 3:17.
[3] Mateo 17:5.
[4] Juan 19:7.
[5] Juan 5:17; 10:30.
[6] Marcos 14:61-62.

Si la validez de este testimonio de Cristo fuera objetada y puesta en duda porque se refiere a Sí mismo, Él nos ha proporcionado otra respuesta que dio a los fariseos cuando le dijeron: «Tú das testimonio de ti mismo; tu testimonio no es verdadero». A esto respondió:

> Aunque yo doy testimonio de mí mismo, mi testimonio es verdadero […]; porque no soy yo solo, sino yo y el Padre que me envió. Aun en vuestra ley está escrito que el testimonio de dos hombres es verdadero. Yo soy el que doy testimonio de mí mismo, y el Padre que me envió da testimonio de mí.[7]

Por lo tanto, el testimonio de Cristo acerca de Sí mismo es fiel y válido, porque no es Él solo, sino que está en conjunción con el testimonio del Padre, y también del Espíritu Santo.

El Espíritu Santo dio testimonio de que Cristo es el Hijo de Dios

El Espíritu Santo dio testimonio de la misma verdad descendiendo sobre Cristo como una paloma en el momento de Su bautismo, cuando la filiación de Cristo fue expresada tan plenamente. También dio testimonio de ello por la abundante efusión de Sus dones y gracia sobre los discípulos en el día de Pentecostés, por lo cual estaban suficientemente cualificados para afirmar, demostrar y sostener esta gran verdad de que Jesús era el Hijo de Dios, algo que hicieron en todas partes «testificando Dios juntamente con ellos, tanto por señales como por prodigios, y por diversos milagros y por dones del Espíritu Santo según su propia voluntad».[8]

Los ángeles del Cielo lo han declarado

El ángel que trajo a la virgen la noticia de la extraordinaria encarnación de Cristo declaró que «Este será grande y será llamado

---

[7] Juan 8:13-14, 16-18.
[8] Hebreos 2:4.

Hijo del Altísimo». Y añadió: «el santo Niño que nacerá será llamado Hijo de Dios».[9]

Los santos lo han confesado

Muchos santos lo han confesado plena y ampliamente. Cuando Juan el Bautista vio que el Espíritu de Dios descendía y permanecía sobre Él en Su bautismo, dio testimonio de que era el Hijo de Dios.[10] Cuando Natanael lo vio por primera vez, le dijo: «Rabí, tú eres el Hijo de Dios, tú eres el Rey de Israel».[11] Cuando Cristo hizo esta pregunta a Sus discípulos: «Y vosotros, ¿quién decís que soy yo?», Simón Pedro respondió diciendo: «Tú eres el Cristo, el Hijo del Dios viviente».[12] Como también en otra ocasión, en representación de los demás discípulos, declaró: «Y nosotros hemos creído y conocemos que tú eres el Cristo, el Hijo del Dios viviente».[13] Cuando Marta fue llamada a hacer una confesión de su fe en Cristo, la expresó con estas palabras: «yo he creído que tú eres el Cristo, el Hijo de Dios, el que había de venir al mundo»,[14] como hizo también el eunuco con palabras muy parecidas para ser admitido al bautismo: «Creo que Jesucristo es el Hijo de Dios».[15] Y, en efecto, esta es la fe de todo verdadero creyente, porque «¿... quién es el que vence al mundo, sino el que cree que Jesús es el Hijo de Dios?».[16]

---

[9] Lucas 1:32, 35.

[10] 1 Juan 1:34.

[11] Juan 1:49. Nota de los traductores: Debido a un error de referencia, el libro original dice Juan 1:41.

[12] Mateo 16:15-16.

[13] Juan 6:69 {RVR60}. Nota de los traductores: Debido a un error de referencia, el libro original dice Juan 6:67.

[14] Juan 11:27 {RVA 2015}.

[15] Hechos 8:37.

[16] 1 Juan 5:5.

Los demonios lo han reconocido

Los demonios mismos se han visto obligados a reconocerlo. Aunque Satanás puso dos veces un *si* condicional a la filiación de Cristo cuando lo tentó en el desierto, sabía al mismo tiempo que Cristo era el Hijo de Dios. Además, otras veces se vio obligado a confesarlo gritando: «¿Qué tenemos que ver contigo, Hijo de Dios? ¿Has venido aquí para atormentarnos antes del tiempo?»;[17] y como dice en otro pasaje: «Y siempre que los espíritus inmundos le veían, caían delante de Él y gritaban, diciendo: Tú eres el Hijo de Dios».[18] Es más, en otro texto se afirma: «También de muchos salían demonios, gritando y diciendo: ¡Tú eres el Hijo de Dios! Pero, reprendiéndolos, no les permitía hablar, porque sabían que Él era el Cristo».[19]

Esta es, pues, una verdad confesada por todos, indiscutiblemente y más allá de toda contradicción; pero no es tan fácil ponerse de acuerdo en qué sentido es el Hijo de Dios; y esto es lo que, en segundo lugar, investigaré a continuación.

IV.2.C.2. En qué sentido Cristo es el Hijo de Dios

Los socinianos niegan que Cristo sea el Hijo eterno de Dios. Reconocen que es el Hijo de Dios, pero no antes de ser el Hijo de María; sin embargo, tienen muchas dificultades para determinar dónde fijar Su filiación y a qué causa atribuirla. Calovius, un escritor antisociniano, ha compilado de sus escritos no menos de trece causas o razones de la filiación de Cristo,[20] y se podrían añadir más, lo que demuestra la miserable incertidumbre en la que se encuentran.

---

[17] Mateo 8:28-29.

[18] Marcos 3:11.

[19] Lucas 4:41.

[20] Calovius, *Socinismus profligatus* {trad. no oficial: *Profligación del socinianismo*}, art. 2, controversia 6, p. 201.

Ahora bien, doce de estas causas deben ser falsas, porque puede haber una sola causa verdadera de la filiación propia de Cristo. Sería tedioso y de poco provecho considerar todas las que ellos mencionan. A veces nos dicen que es llamado el Hijo de Dios por el amor tan grande que Dios le tiene, y que ser el Hijo unigénito y ser el Hijo amado son términos sinónimos.[21] Es cierto que Cristo es el Hijo del amor de Dios, y que Él, que es el Hijo engendrado, es también el Hijo amado de Dios; pero el amor que Dios le tiene no es el fundamento o causa de esta relación. La razón por la que es el Hijo de Dios no es porque Dios lo ama, sino que lo ama porque es Su Hijo. La causa de la relación entre los seres humanos no es el amor, puede haber amor donde no hay tal relación, y puede haber tal relación donde no hay amor.

A veces nos dicen que es llamado el Hijo de Dios por la semejanza que hay entre Ellos.[22] Es cierto que Cristo es semejante al Padre, porque «Él es el resplandor de su gloria y la expresión exacta de su [Persona]»,[23] pero esta semejanza no es la causa o fundamento de Su filiación. La razón por la que es el Hijo de Dios no es porque sea semejante a Él, sino que es semejante a Él porque es Su Hijo, de la misma naturaleza y esencia que Él.

Otras veces dicen que es el Hijo de Dios por adopción,[24] pero las Escrituras no dicen nada de eso. Además, si fuera su Hijo adoptivo, entonces no podría ser Su propio Hijo o el Hijo de Él, algo que ciertamente es. Y si es Su propio Hijo, entonces no es Su Hijo

---

[21] Enjedin, *Explicationes locorum Veteris et Novi Testamenti*, pp. 178-179; *Cateches. Racov.* {trad. no oficial: *El Catecismo racoviano*}, «De persona Christi» {trad. no oficial: «La persona de Cristo»}, preg. 1, p. 105.

[22] Fausto Socino, Valentino Smalzio y otros.

[23] Nota de los traductores: Hebreos 1:3. Corchetes añadidos para lograr mayor equivalencia con la versión inglesa (KJV) citada por el autor.

[24] Fausto Socino, Valentino Smalzio; véase Martino Smiglecio, *De Christo vero et naturali Dei filio…* {trad. no oficial: *Sobre Cristo, hijo verdadero y natural de Dios…*}, caps. 5 y 9; y Calovius, *Socinismus profligatus*, art. 2, controversias 5-6.

adoptivo. Un hijo propio nunca es un hijo adoptivo. Tampoco sería Su Hijo engendrado, porque ser engendrado pero adoptado no es algo coherente. Además, no podría ser llamado Su Hijo unigénito en este sentido, porque hay muchos hijos adoptivos, a saber, todos los elegidos de Dios, quienes son predestinados para adopción como hijos mediante Jesucristo; bendición que les viene por la redención que es en Cristo Jesús, y que les es atestiguada por el Espíritu de Cristo, quien por eso es llamado el Espíritu de adopción.

Pero pasando por alto estas y muchas otras, me centraré en tres de las razones o causas de la filiación de Cristo que ellos conciben, y las consideraré, las cuales parecen tener mayor respaldo de las Escrituras, a saber:

1. Que Cristo es llamado el Hijo de Dios por razón de Su concepción y nacimiento milagrosos.
2. Que es llamado así por Su resurrección de entre los muertos.
3. Que es llamado así por Su oficio de Mediador, Profeta, Sacerdote y Rey, y por Su desempeño del mismo.

Se dice que Cristo es llamado el Hijo de Dios por razón de Su concepción y nacimiento milagrosos[25]

El único pasaje del que esto se concluye es Lucas 1:35 {RVR60}: «Respondiendo el ángel, le dijo: El Espíritu Santo vendrá sobre ti, y el poder del Altísimo te cubrirá con su sombra; por lo cual también el Santo Ser que nacerá, será llamado Hijo de Dios». Antes de dar mis razones contra esta noción construida sobre este texto, será necesario considerar el texto mismo sobre el cual se construye y demostrar que no tiene fundamento en este. Para ello, obsérvese:

---

[25] *Cateches. Racov.*, «De persona Christi», preg. 1, p. 48; Volkelius (Johannes Völkel), *De vera Religione* {trad. no oficial: *Sobre la verdadera religión*}, Libro 3, cap. 1, p. 38; Enjedin, *Explicationes locorum Veteris et Novi Testamenti*, pp. 203, 261. Jonás Schlichting sobre Hebreos 1:1, p. 16; y *Cateches. Racov.*

1. Que este pasaje no dice que, por lo cual, el Santo Ser que nacerá de la virgen *será* el Hijo de Dios, sino que «será llamado» el Hijo de Dios. Es verdad que a veces se usa este hebraísmo, y cuando se dice que las personas o las cosas *son llamadas* hijos de Dios, el significado es que lo *son*. Así que, cuando se dice que los santos *son llamados* hijos de Dios, el significado es que *son* hijos de Dios. Por tanto, cuando se profetiza de Cristo que se llamará Su nombre Admirable Consejero, etc., el significado no es que habitualmente deba ser llamado por esos Nombres, sino que quedará claro que Él es todo lo que responde a estos Nombres. Pero como esta frase (el Hijo de Dios) es un Nombre por el cual Cristo ha sido y es llamado habitualmente, tal hebraísmo no parece ser la intención aquí. El ángel no está dando una razón por la que Cristo es el Hijo de Dios ni de Su constitución como tal, porque Él era el Hijo de Dios mucho antes de Su encarnación, sino que está hablando de Su revelación y manifestación como el Hijo de Dios en la naturaleza humana.

2. Además, el ángel no predice que, por esta razón, se llamará el Hijo, porque, o bien Él mismo debe llamarse así, o bien otros deben llamarlo así por este motivo; de lo contrario, la predicción del ángel debe ser falsa. Ahora bien, aunque Él se llamó a Sí mismo el Hijo de Dios, y a menudo fue llamado así por otros en el Nuevo Testamento, nunca leemos que fuera llamado así por esta razón. Por consiguiente, esto no puede ser lo que quiso decir el ángel; o lo que dijo fue falso, lo cual de ninguna manera debe admitirse.

3. Insisto, la frase «por lo cual» {RVR60} no es causal, sino consecutiva. El ángel no está dando una razón de por qué Cristo debe ser el Hijo de Dios, sino de por qué debe ser reconocido, abrazado y recibido como tal por Su pueblo, quienes inferirían y concluirían de Su maravillosa concepción

y nacimiento que Él debía ser el Emanuel (Dios con nosotros) del que profetizó Isaías (7:14), que debía ser el Niño que habría de nacer y el Hijo que habría de ser dado, Cuyo Nombre se llamaría Admirable, Consejero, Dios Poderoso, etc., de quien habla el mismo profeta (Isa. 9:6).

4. Una vez más, la partícula καὶ, traducida «también» {RVR60}, no debe pasarse por alto: «por lo cual también el Santo Ser…» {RVR60}. El significado es que, como el Λόγος o Verbo divino es el Hijo de Dios, «el Santo Ser» que iba a nacer de la virgen, o cuando la naturaleza humana fue unida a Él, «también» debía ser llamado el Hijo de Dios. De modo que no es la concepción y nacimiento maravillosos de la naturaleza humana, sino la unión de esta a la naturaleza divina (lo cual fue hecho en aquel momento), la razón por la que la naturaleza humana es llamada el Hijo de Dios. Esto es lo que los teólogos llaman una comunicación de propiedades, por la cual Nombres y cosas propios de una naturaleza son predicados de la Persona de Cristo en la otra naturaleza, de lo cual tenemos muchos ejemplos en la Escritura (véanse Jua. 3:13; 1 Cor. 2:8; Hch. 20:28).

Habiendo dado ya el significado de este texto, que es el único que se pretende, procederé a dar mis razones en contra de construir sobre Lucas 1:35 la hipótesis de que Cristo es llamado el Hijo de Dios por razón de Su concepción y nacimiento milagrosos.

1. Si la concepción y el nacimiento milagrosos de Cristo son la base y fundamento de Su condición de Hijo de Dios, entonces el Espíritu Santo debe ser el Padre de Cristo, puesto que tuvo una participación especial y peculiar en esa extraordinaria obra. Muchos hombres excelentes que han escrito contra *los*

socinianos han insistido a menudo en esto;[26] pero ninguno de los {socinianos} que he conocido se ha atrevido a reconocer esta implicación. Sin embargo, un escritor reciente se endureció tanto como para afirmar en términos expresos que el Espíritu Santo es el Padre de Cristo. He aquí sus palabras:

> La Palabra segura declara que el Hijo fue concebido por el Espíritu Santo; por lo tanto, él fue el Padre de Cristo en la naturaleza que fue concebida, y nació de mujer; como también debe ser cierto que aquel por quien el niño fue concebido es el Padre.[27]

Argumenta tanto por la Escritura como por la razón, pero sus argumentos por ambas son sumamente malos. Dice que «[l]a Palabra segura declara que el Hijo fue concebido por el Espíritu Santo», y que, por tanto, el Espíritu Santo fue el Padre de Cristo, mientras que la Palabra segura declara: «He aquí, una virgen concebirá y dará a luz un hijo...»[28]. Y el ángel declaró a María cuando le trajo la noticia de la encarnación que ella concebiría en su seno y daría a luz un hijo.[29] En realidad se dice que «el Niño que se ha engendrado en ella es del Espíritu Santo»[30], pero nunca se dice que haya sido concebido por Él. Fue la virgen la que concibió bajo la sombra del Espíritu Santo. Añade entonces, usando la razón, según piensa: «como también debe ser cierto que aquel por quien el niño fue concebido es el Padre». Pero estoy convencido de que toda la humanidad, tanto hombres como mujeres, excepto

---

[26] Smiglecio, *De Christo vero et naturali Dei filio*, cap. 1, pp. 24, 28; Calovius, *Socinismus profligatus*, art. 2, controversia 7, pp. 207-208; Joachim Stegmann, *Photinianismus* {trad. no oficial: *El fotinianismo*}, polémica 16, p. 180. Samuel Maresio, *Hydra Socinianismi* {trad. no oficial: *La hidra del Socinianismo*}, tomo 2, p. 6.

[27] William Davis, *The great concern of Jew and Gentil*, p. 42.

[28] Isaías 7:14.

[29] Lucas 1:31.

[30] Mateo 1:20.

dicho autor, y él también si reflexiona un poquito, concluirá que el Niño no es concebido por el Padre, sino por la madre.

Que el Espíritu Santo es el Padre de Cristo no es un pensamiento apresurado del mencionado autor o un desliz repentino de su pluma, sino una noción asentada y establecida suya que publicó en un folleto hace más de 11 años,[31] contra el cual me opongo objetando de la siguiente manera: Si el Espíritu Santo es el Padre de Cristo, entonces debe haber dos Padres en la Trinidad; y así se introduciría una miserable confusión aquí. En cambio, leemos de un solo Padre, y este, distinto del Verbo y del Espíritu. Somos bautizados en el Nombre de un solo Padre, un solo Hijo y un solo Espíritu Santo. Además, el Padre de Cristo se distingue del Espíritu en muchos pasajes,[32] por tanto, no puede ser el mismo. De hecho, el Espíritu es llamado el Espíritu del Hijo,[33] lo cual no sería {cierto} si el Espíritu fuera el Padre del Hijo. Añádase a esto que Cristo, como hombre, no tuvo padre. María llamaba a José Su padre porque era visto como tal, pues se suponía que era hijo de José, pero en realidad, como hombre, no tenía padre. Así como era ἀμήτωρ (sin madre) en cuanto a Su naturaleza divina, también era ἀπώτωρ (sin padre) en cuanto a Su naturaleza humana; por lo cual Melquisedec era un tipo apropiado de Él. Nunca se dice que haya sido engendrado por el Espíritu Santo ni que haya sido engendrado como hombre. Se dice que fue concebido en el vientre de una virgen, que se hizo carne y que nació de mujer, pero nunca que fue engendrado como hombre. Todos los pasajes que hablan de Él

---

[31] William Davis, *The truth as it is in Jesus…* {trad. no oficial: *La verdad tal como es en Jesús*}, § 19, p. 21; § 47, p. 45.

[32] Juan 14:16-17, 26; 15:26; Efesios 1:17; 3:14, 16.

[33] Gálatas 4:6.

como el Hijo unigénito deben entenderse en otro sentido, como mostraré más adelante.

2. Si la encarnación de Cristo es la base y fundamento de que es el Hijo de Dios, entonces no había Dios el Padre de Cristo en el Antiguo Testamento, y mucho menos desde hace 1700 años[34]. *Los marcionistas* de antaño afirmaban esto último; lo que puso a los escritores antiguos a probar que fue el Padre de Cristo quien hizo el mundo, dio la ley, habló por medio de los profetas y fue el Autor del Antiguo Testamento;[35] algo que el apóstol confirma firmemente cuando dice:

> Dios, habiendo hablado hace mucho tiempo, en muchas ocasiones y de muchas maneras a los padres por los profetas, en estos últimos días nos ha hablado por su Hijo, a quien constituyó heredero de todas las cosas, por medio de quien hizo también el universo.[36]

Tampoco es difícil probar que existía como el Padre de Cristo antes de la fundación del mundo porque, como «Dios y Padre de nuestro Señor Jesucristo, [...] nos ha bendecido con toda bendición espiritual en los lugares celestiales en Cristo, según nos escogió en Él antes de la fundación del mundo...».[37]

3. Si Cristo es el Hijo de Dios según la naturaleza humana solamente, entonces la frase distintiva «según la carne», de la que el apóstol Pablo a veces hace uso cuando habla de la Persona de Cristo, es inútil e impertinente. Si fuera Hijo como hombre solamente, no haría falta añadir «según la carne». Nunca decimos que alguien es hijo de otra persona según la carne, sino solo que es su hijo. Cristo es el Hijo de David según la carne o naturaleza humana, pero es Hijo de Dios según la naturaleza divina; y esta es la verdadera razón por la que el apóstol usa esta

---

[34] Nota de los traductores: Esta obra fue publicada en 1731.

[35] Véanse los comentarios del Dr. Owen sobre la Trinidad, p. 27.

[36] Hebreos 1:1-2.

[37] Efesios 1:3-4.

frase en Romanos 1:3 en adelante[38],[39] donde dice: «acerca de su Hijo, que nació de la descendencia de David según la carne, y que fue declarado Hijo de Dios con poder, conforme al Espíritu de santidad…». Véase también Romanos 9:5.

4. La encarnación de Cristo no puede ser la razón y fundamento de Su filiación divina porque Él no fue hecho Hijo de Dios, sino que sencillamente se manifestó como tal. Dice el apóstol: «El Hijo de Dios se manifestó con este propósito»,[40] es decir, se manifestó en la naturaleza humana, siendo una frase equivalente a «Dios manifestado en la carne».

Ahora bien, como era Dios antes de manifestarse en la carne, también debía ser el Hijo de Dios antes de manifestarse para destruir las obras del diablo. Cuando se dice que Dios envió a Su Hijo, nacido de mujer, o en semejanza de carne de pecado, ciertamente era Hijo antes de ser enviado, antes de nacer de mujer o aparecer en semejanza de carne de pecado. No envió a Su Hijo para que se hiciera Hijo, sino que lo envió para que se hiciera hombre.

Que Cristo existía como Hijo de Dios antes de Su encarnación puede deducirse fácilmente de los escritos del Antiguo Testamento. Parece que los judíos de la época de Cristo conocían bien la expresión «el Hijo de Dios», y por esta

---

[38] Nota de los traductores: Debido a un error de referencia, el libro original dice Romanos 1:4.

[39] Sic & Apostolus de utraque ejus substantia docet: Qui factus est, inquit, ex semine David, hic erit homo & filius hominis; qui definitus est filius Dei secundum spiritum, hic erit Deus & sermo, Dei filius: Videmus duplicem statum, non confutum sed conjunctum in una persona, Deum & hominem, Jesum. (Tertuliano, *Adversus Praxeam*, sec. 27). Πλὴν ἀρκεῖ τὸ φάναι κατὰ σάρκα, παραδηλῶσαι τήν σεσιγημένην θεότητα. Κοινοῦ γὰρ ἀνθρώπου διδάσκων συγγένειαν, οὐ λέγω τοῦ δεῖνος ὁ δεῖνα κατὰ σάρκα υἱὸς, ἀλλ' ἁπλῶς υἱὸς. (Theodoret, *Dialog. I* {trad. no oficial: *Primer diálogo*}, ed. Strigel, p. 46).

[40] 1 Juan 3:8.

entendían una Persona divina, como es fácil de observar en muchos pasajes.[41]

Ahora bien, esto debieron haberlo aprendido de los Libros del Antiguo Testamento. Sus antiguos escritores hablan del Λόγος o Verbo de Dios como Su Hijo. Al interpretar Génesis 3:22, el *Tárgum de Jerusalén* llama al Verbo del Señor el unigénito en los cielos más altos. Filón el judío habla de Dios como no engendrado, y del Verbo divino como engendrado.[42] Lo llama el Verbo primogénito,[43] y a veces el Hijo primogénito.[44] Dice que el mundo es el hijo menor de Dios, y que Él tiene un Hijo mayor que el mundo, que, por Su antigüedad, habita con Él.[45] De hecho, lo llama Su Hijo más antiguo[46] e Hijo de virtud completa[47] que actúa como Abogado. Y en cuanto a Su filiación, dice que no es inengendrado como Dios, pero que tampoco es

---

[41] Mateo 14:33; 26:63; 27:40, 54; Juan 5:17-18; 10:30, 33-36.

[42] Καὶ Μωσῆς μέντοι τὴν ὑπερβολὴν θαυμάσας τοῦ ἀγεννήτου, φησὶν, Καὶ τῷ ὀνόματι αὐτοῦ ὀμῆ, οὐχὶ αὐτῳ. Ἱκανὸν γὰρ τῷ γεννητῷ πιστοῦσθαι, καὶ μαρτυρεῖσθαι λόγῳ θείῳ. (Filón, *Legum Allegoriae*, Libro 2, p. 99).

[43] Σπούδαζε κοσμεῖσθαι κατὰ τὸν πρωτόγονον αὐτοῦ λόγον. (Filón, *De confusione linguarum*, p. 341).

[44] Ὡς ποιμὲν καὶ βασιλεὺς ὁ Θεὸς ἄγει κατὰ δίκην καὶ νόμον, προστησάμενος τὸν ὀρθὸν αὐτοῦ λόγου πρωτόγονον υἱόν. (Filón, *De agricultura* {título oficial: *Sobre la agricultura*}, p. 195). Nota de los traductores: Para traducir al español todos los fragmentos tomados de esta fuente nos guiamos por la edición citada por el autor.

[45] Ὁ μὲν γὰρ κόσμος οὗτος νεώτερος υἱὸς Θεοῦ, ἅτε αἰσθητὸς ὤν. Τὸν γὰρ πρεσβύτερον τούτου οὐδένα εἶπε, νοητὸς δε ἐκεῖνος. Πρεσβείων δ' ἀξιώσας παρὰ ἑαυτῷ καταμένειν διενοήθη. (Filón, *Quod Deus inmutabilis sit* {título oficial: *Sobre la inmutabilidad de Dios*}, p. 298). Nota de los traductores: Para traducir al español todos los fragmentos tomados de esta fuente nos guiamos por la edición citada por el autor.

[46] Τοῦτον μὲν γὰρ πρεσβύτατον υἱὸν ὁ τῶν ὄντων ἀνέτειλε πατὴρ, ὃν ἑτέρωθι πρωτόγονον ὠνόμασε. (Filón, *De confusione linguarum*, p. 329).

[47] Ἀναγκαῖον γὰρ ἦν τὸν ἱερωμένον τῷ τοῦ κόσμου πατρὶ, παρακλήτῳ χρῆσθαι τελειοτάτωτην ἀρετὴν υἱῳ. (Filón, *De vita Mosis* {título oficial: *Sobre la vida de Moisés*}, Libro 3, p. 673). Nota de los traductores: Para traducir al español todos los fragmentos tomados de esta fuente nos guiamos por la edición citada por el autor.

engendrado como los hombres.[48] Ben Sirá, un judío famoso que vivió muchos años antes del tiempo de Cristo y fue el autor del libro apócrifo de Eclesiástico, habla del Señor Dios como Padre que tiene un Hijo cuando dice: «Invoqué al Señor, Padre de mi Señor, que no me dejase en el tiempo de mi aflicción».[49]

Ahora bien, tomaron estos indicios de los Libros del Antiguo Testamento, donde hay muchas pruebas de la existencia de una Persona divina con el Nombre de Hijo de Dios. Podemos comenzar con Daniel 3:25, donde Nabucodonosor dice: «¡Mirad! Veo a cuatro hombres sueltos que se pasean en medio del fuego sin sufrir daño alguno, y el aspecto del cuarto es semejante al de [el Hijo de Dios][50]». No voy a determinar cómo Nabucodonosor, siendo un príncipe pagano, llegó a este conocimiento de que había una Persona divina llamada el Hijo de Dios. Muy probablemente lo supo por los judíos, quienes eran un pueblo numeroso en sus dominios, y algunos de ellos en su palacio; y después de haberlos oído hablar de una Persona tan gloriosa, y al verlo en el horno, concluyó que debía ser como él. El único motivo por el que presento este pasaje es este: Que se sostenía una creencia en aquellos tiempos de que una gloriosa Persona divina existía con el Nombre de «el Hijo de Dios», o Nabucodonosor no podría haberlo mencionado con este Nombre ni haber comparado la Persona que vio en el horno con él.

---

[48] Οὔτε ἀγέννητος ὡς ὠ Θεός ὢν, οὔτε γεννητὸς ὡς ἡμεῖς. (Filón, *Quis rerum divinarum heres*, p. 509).

[49] Καὶ ἐπεκαλεσάμην κύριον πατέρα κυρίου μου μή ἐγκαταλιπεῖν μὲ ἐν ἡμέρᾳ θλίψεως. (Eclesiástico 51:14). Nota de los traductores: Traducción al español tomada de Eclesiástico 51:14 en Cipriano de Valera, *La Biblia del Siglo de Oro* (Las Rozas, Madrid: Sociedad Bíblica de España; Sociedades Bíblicas Unidas, 2009).

[50] Corchetes añadidos para lograr mayor equivalencia con la versión inglesa (KJV) citada por el autor.

Agur también sabía que había una Persona divina que existía con este Nombre cuando dijo: «¿Cuál es su nombre, y el nombre de su hijo, si sabes?»;[51] palabras que demuestran claramente que el Dios todopoderoso e incomprensible a quien describe tenía un Hijo que existía con Él, era de la misma naturaleza divina, inefable e incomprensible, y era una Persona distinta de Él. Antes que Agur, David menciona a una Persona divina como el Hijo de Dios y llama a los reyes y a los jueces de la tierra a que le rindan honra y adoración diciendo: «Honrad al Hijo para que no se enoje y perezcáis en el camino, pues puede inflamarse de repente su ira. ¡Cuán bienaventurados son todos los que en Él se refugian!».[52] Sin tomar en cuenta otro versículo en el mismo Salmo («"Mi Hijo eres tú, yo te he engendrado hoy"»),[53] que consideraré más adelante.

Para concluir este argumento, Cristo existía como el Hijo de Dios en la Creación de todas las cosas, porque Dios hizo el universo por medio de Su Hijo (Heb. 1:2). De hecho, antes de que cualquier criatura fuera creada, antes de que el Sol existiera, Él era el Hijo de Dios. Véase Salmos 72:17, donde las palabras לפני שמש ינון שמו pueden ser traducidas *antes de que el sol [fuera]*, *Su Nombre [era] Yinnon*, que —según los judíos— es uno de los Nombres del Mesías y viene de נין, que significa *hijo*;[54] y Aben Ezra lo explica así: יקרא בן (*será llamado Hijo*),[55] pero en esto no pongo mucho énfasis.

---

[51] Proverbios 30:4 {RVR60}.

[52] Salmos 2:12.

[53] Salmos 2:7.

[54] *Talmud Sanhedrin*, fol. 98, col. 2; *Pesachim*, fol. 54, col. 1; *Nedarim*, fol. 39, col. 2; *Bereshit Rabba*, fol. 1, col. 2; *Echa Rabbati*, fol. 50, col. 2.

[55] Buxtorf, *Lexicon hebraicum et chaldaicum*, en la entrada correspondiente a la raíz נין.

En su conjunto, queda claro que Cristo llevaba el Nombre de «el Hijo de Dios» en la dispensación veterotestamentaria y antes de Su encarnación; por lo tanto, Su encarnación no puede ser la verdadera causa y razón de que sea el Hijo de Dios.

5. Además, si la encarnación de Cristo fuera la causa de Su filiación divina o Su condición de Hijo de Dios, entonces sería simplemente de la misma clase de filiación que las criaturas, los ángeles y los hombres. Adán es llamado hijo de Dios por haber sido maravillosamente creado y formado por Él del polvo de la tierra; y toda su posteridad es descendencia de Dios. Los ángeles son también hijos de Dios por creación; pero «¿a cuál de los ángeles dijo Dios jamás: HIJO MÍO ERES TÚ, YO TE HE ENGENDRADO HOY…?».[56] Mucho menos ha dicho Dios jamás algo así a alguno de los hijos de los hombres. La filiación de Cristo es de rango superior a la de las criaturas; por lo tanto, debe colocarse aparte.

Se dice que Cristo es llamado el Hijo de Dios por Su resurrección de entre los muertos[57]

En segundo lugar, prosigo considerando otra causa o razón que dan de por qué Cristo es llamado el Hijo de Dios, a saber, Su resurrección de entre los muertos; lo cual debe ser rechazado por las siguientes razones:

1. Cristo era el Hijo de Dios antes de Su resurrección; por lo tanto, esta nunca puede ser el fundamento de dicha relación. Los socinianos mismos dicen que Cristo es llamado el Hijo de Dios por Su encarnación y, por tanto, antes de Su resurrección. Fue siendo Su propio Hijo que Dios lo envió en semejanza de

---

[56] Hebreos 1:5.
[57] Véase Calovius, *Socinismus profligatus*, art. 2, controversia 9, p. 211.

carne de pecado;[58] y como tal no lo perdonó, sino que lo entregó a la muerte; y estos dos actos fueron anteriores a Su resurrección. Además, con una voz de los cielos, Dios declaró que Cristo era Su Hijo, tanto en Su bautismo como en Su transfiguración.[59] También Sus discípulos, aun antes de Su muerte, sabían y estaban seguros de que Él era el Hijo del Dios viviente.[60] Lo mismo confesaron otros mientras vivía, y el centurión, cuando colgaba de la cruz.[61] Todo lo cual prueba plenamente que Cristo era el Hijo de Dios antes de Su resurrección.

2. Si Su resurrección de entre los muertos fue la causa de Su filiación divina, entonces debe engendrarse a Sí mismo o ser el Autor de Su propia filiación, lo cual es absurdo, pues Él mismo estuvo involucrado en Su resurrección de entre los muertos. Así como tuvo autoridad para dar Su vida, cosa que ninguna criatura tiene, también tuvo autoridad para tomarla de nuevo, algo que solo Dios podría hacer. Según Su propia profecía, cuando el Templo de Su cuerpo fue destruido, lo reedificó o resucitó en tres días.

3. Si Su resurrección de entre los muertos es la base de Su filiación, entonces Su filiación debe ser metafórica y no propia. Pero Cristo es llamado el propio Hijo de Dios o Su Hijo propiamente dicho[62] e Hijo de Dios mismo[63], y Dios es llamado Su propio Padre o Su Padre propiamente dicho.[64]

4. No se le puede llamar el Hijo unigénito de Dios (que es el Nombre que tiene a veces) por haber resucitado de entre los

---

[58] Rom 8:3, 32.

[59] Mateo 3:17 y 17:5.

[60] Juan 6:66. Nota de los traductores: Véase también Mateo 16:16.

[61] Mateo 27:54.

[62] ὅς γε τοῦ ἰδίου υἱοῦ οὐκ ἐφείσατο (Rom. 8:32).

[63] τὸν ἑαυτοῦ υἱὸν (Rom. 8:3).

[64] ἴδιον πατέρα (Jua. 5:18).

muertos, ya que, además de Él, hay otros que han resucitado y millones que resucitarán de entre los muertos. Es cierto que, por causa de Su resurrección, puede ser y es llamado el primer nacido de entre los muertos (Col. 1:18) y el primer engendrado de entre los muertos (Apo. 1:5)[65] porque Él es «primicias de los que durmieron» (1 Cor. 15:20), pero no puede ser llamado el unigénito {por haber resucitado de entre los muertos}.

Además, si esta fuera una verdadera causa de la filiación divina, no solo los santos sino también los impíos serían hijos de Dios, pues «habrá una resurrección tanto de los justos como de los impíos».[66] Los que duermen en el polvo de la tierra despertarán, unos para la vida eterna, y otros para la ignominia, para el desprecio eterno.[67] Los que están en sus sepulcros saldrán a resurrección de condenación, y otros a resurrección de vida.[68] Sin embargo, los impíos no son llamados en ninguna parte ni llevarán nunca el nombre de hijos de Dios. De hecho, se dice que los santos son «hijos de Dios, siendo hijos de la resurrección».[69] No es que su resurrección de entre los muertos sea la causa de su relación con Dios como hijos, porque ya lo eran antes, pero al ser resucitados de entre los muertos en virtud de su unión con Cristo, y al ser puestos por Él en posesión de la herencia celestial, se manifestarán como hijos y serán declarados como tal, herederos de Dios y coherederos con Cristo. Por esta razón —entiendo yo—, las palabras de Salmos 2:7 («"Mi Hijo eres tú, yo te he engendrado hoy"») son aplicadas por el apóstol en Hechos 13:33 a la resurrección de Cristo. No es que entonces

---

[65] Nota de los traductores: Las versiones protestantes ortodoxas en español traducen «primogénito» en ambos textos.

[66] Hechos 24:15.

[67] Daniel 12:2; Juan 5:28-29.

[68] Nota de los traductores: Juan 5:29 (RVR60).

[69] Lucas 20:36.

fuera engendrado como el propio Hijo de Dios, pues ya lo era antes, como se ha demostrado, sino que fue entonces cuando se manifestó que era el Hijo eternamente engendrado de Dios. En sentido impropio, se dice que las cosas son solo cuando se manifiestan. Por eso se dice que Cristo fue engendrado aquel día, porque fue «declarado Hijo de Dios con poder [...], por la resurrección de entre los muertos».[70] Bien, este es el único pasaje sobre el que se construye esta noción y es fácil de observar cuán poco fundamento hay para esta.

Se dice que Cristo es llamado el Hijo de Dios por Su oficio de Mediador

En tercer lugar, prosigo considerando otra razón que se da de la filiación de Cristo: Su oficio de Mediador. Los socinianos dicen que es llamado Hijo de Dios porque fue santificado o apartado para esta obra y oficio, fue enviado al mundo para hacerla, porque ha ejercido los oficios de Profeta, Sacerdote y Rey, y ahora es exaltado en gloria.[71] No es de extrañar oírlos decir que Cristo es el Hijo de Dios por oficio, pues es una noción muy arraigada en ellos que Él es Dios solo por oficio; por eso se esfuerzan por apoyar esta tercera razón. Y puesto que huele tanto a algo salido del socinianismo, o más bien, es una parte y rama de este, debería tener menos aceptación y ser considerado menos por aquellos que verdaderamente valoran la divinidad propia de Cristo.

Es cierto que el Mediador es el Hijo de Dios, pero la cuestión es si ser el Mediador es la razón por la que es llamado el Hijo de Dios. No se niega que muchos o la mayoría de los pasajes que hablan de Él como Hijo de Dios insinúan al mismo tiempo algunas cosas que se relacionan con Él como Mediador, pues las Escrituras hablan principalmente de Dios considerado en y por medio del Mediador y

---

[70] Romanos 1:4.

[71] Véase Calovius, *Socinismus profligatus*, art. 2, controversias 6 y 8, pp. 201, 209.

del Hijo de Dios como tal, pero que Su condición de Mediador es el fundamento de Su condición de Hijo es una cuestión que debe ser probada, no planteada con insistencia como prueba.

Hay pocos textos que hablan de Cristo como Dios y al mismo tiempo hablan de Él como hombre o como se lo considera en Su oficio de Mediador. Por eso, cuando es llamado Dios Poderoso, en el mismo versículo se dice que nacería como niño;[72] y cuando es presentado como «el Cristo, el cual está sobre todas las cosas, Dios bendito por los siglos»[73], se dice al mismo tiempo que procede de los patriarcas según la carne. Si se aprueba esta forma de interpretar la Escritura, un sociniano sutil sabe cómo aprovecharse de esta para destruir la deidad propia de Cristo y también Su filiación. El texto principal sobre el que los socinianos construyen esta noción es Juan 10:36: «¿a quien el Padre santificó y envió al mundo, vosotros decís: "Blasfemas", porque dije: "Yo soy el Hijo de Dios"?».

De estas palabras y de Su santificación y misión puede deducirse muy bien que el que fue santificado y enviado al mundo era el Hijo de Dios, porque no se prometió enviar a ningún otro, ni se esperaba a ningún otro que no fuera el Hijo de Dios. Pero de aquí no se puede concluir que Su santificación y misión son la razón por la que es llamado el Hijo de Dios, porque Él era el Hijo de Dios antes de ser enviado. En los versículos precedentes Cristo había afirmado Su igualdad con el Padre, por lo cual los judíos lo acusan de blasfemia, porque se hacía Dios. Para defenderse de esta acusación, primero argumentó partiendo de Su caracterización inferior como alguien que desempeña un oficio: que si los gobernantes pueden ser llamados dioses sin que esto sea blasfemia, mucho más podría llamarse así Él, que fue santificado y enviado al mundo por el Padre. Pero no deja ahí el énfasis en Su deidad y filiación, sino que procede a probar que

---

[72] Isaías 9:6.
[73] Romanos 9:5.

Él era verdadera y propiamente Dios, y el Hijo de Dios, porque hace las mismas obras que hacía Su Padre. Considerado en su conjunto, no veo razón alguna para concluir de este texto que el hecho de que Cristo desempeñara el oficio de Mediador sea la causa de que se lo llame el Hijo de Dios. Contra lo cual, además, tengo que objetar lo siguiente:

1. Si Cristo es el Hijo de Dios por oficio y no por naturaleza, entonces debe serlo solo en un sentido impropio, alusivo y metafórico, del mismo modo que los gobernantes son llamados dioses e hijos del Altísimo.[74] Sin embargo, como se ha observado anteriormente, Cristo es llamado Su propio Hijo, Su Hijo unigénito e Hijo Suyo.

2. La mediación de Cristo no es el fundamento de Su filiación, sino que Su filiación es el fundamento de Su mediación. No es el Hijo de Dios porque es Mediador, sino que es Mediador porque es el Hijo de Dios. Al menos en el orden de la naturaleza, como existente con un Nombre u otro, debe ser considerado anterior a Su investidura con el oficio de Mediador. Si demuestro que existía como Hijo antes de ser Mediador, la conclusión es fácil: Su condición de Mediador no puede ser la causa, razón o fundamento de Su condición de Hijo. Y creo que esto puede probarse considerando claramente y por separado Sus distintos oficios de Rey, Sacerdote y Profeta, y Su investidura para desempeñarlos.

   En cuanto a Su oficio regio e instalación en este, se dice: «Pero del Hijo dice: Tu trono, oh Dios, es por los siglos de los siglos, y cetro de equidad es el cetro de tu reino».[75] Estas palabras se dirigen a Cristo con el Nombre de Hijo y contienen la solemne inauguración del Hijo en Su oficio de

---

74 Salmos 82:6.
75 Hebreos 1:8.

Rey por parte del Padre, Su establecimiento como, y declaración de que es, Rey sobre el santo monte Sion de Dios, y la perpetuidad y justicia de Su Reino.

En cuanto a Su oficio sacerdotal, leemos que «la ley designa como sumos sacerdotes a hombres débiles, pero la palabra del juramento, que vino después de la ley, designa al Hijo, hecho perfecto para siempre»;[76] es decir, la Palabra del juramento, o el consejo y pacto eterno de Dios, que se ha hecho más clara y manifiesta desde que se dio la ley, designa al Hijo. ¿Qué dice? No dice que lo designa Hijo, sino que designa al Hijo como gran Sumo Sacerdote. Se deduce, pues, que era Hijo antes de ser Sacerdote, antes de ser constituido como tal o investido con el oficio sacerdotal.

Además, era el Hijo de Dios antes de ser investido con, entrar a, y desempeñar Su oficio profético. En efecto, Su condición de Hijo unigénito fue lo que lo cualificó para ello, porque «[n]adie ha visto jamás a Dios; el unigénito Dios, que está en el seno del Padre, Él le ha dado a conocer».[77] Al ser el unigénito del Padre, estar en Su seno y conocer tan de cerca todos Sus pensamientos, propósitos y consejos, era la única Persona apropiada para ser enviada al mundo como el gran Profeta del Señor para declarar Su mente y voluntad a los hijos de los hombres.

3. Algunos pasajes lo distinguen manifiestamente como Hijo aparte de la consideración de Él en el oficio mediador; por ejemplo, en la confesión de fe del eunuco, cuando dijo: «Creo que Jesucristo es el Hijo de Dios».[78] Si el término «Hijo de Dios» solo implica Su oficio como Mediador, coincide con el

---

[76] Hebreos 7:27-28. Nota de los traductores: Debido a un error de referencia, el libro original dice Hebreos 7:27.

[77] Juan 1:18.

[78] Hechos 8:37.

otro término: «Jesucristo»; y entonces el significado sería: *Creo que Cristo es el Cristo* o *Creo que el Mediador es el Mediador*; lo cual no conlleva ideas distintas. El significado llano de esta confesión es: *Creo que Jesucristo, el verdadero Mesías y Salvador de pecadores, quien fue enviado al mundo con ese propósito, no es otro que el Hijo de Dios, quien es de la misma naturaleza que Dios e igual a Él.*

Lo mismo sucede cuando se dice que, después de su conversión, Saulo «se puso a predicar a Jesús en las sinagogas, diciendo: Él es el Hijo de Dios».[79] Si «Hijo de Dios» es un término que se refiere a un oficio, el significado debe ser que se puso a predicar que Cristo era el Cristo o que el Mediador es el Mediador. Sin embargo, el significado es que se puso a predicar que el Mesías, quien había aparecido recientemente en el mundo con todos los verdaderos calificativos de Aquel que había sido prometido, era una Persona divina, nada menos que el Hijo de Dios, en quien residía toda la plenitud de la Deidad.

Lo mismo puede observarse en otros pasajes.[80] En fin, si Cristo es el Hijo de Dios solo como Mediador, entonces lo es como Siervo, porque Cristo, como Mediador, es el Siervo justo de Dios. Así se mezclan y confunden estas ideas de Hijo y Siervo, que de otro modo son claras y distintas, y se echa a perder esa hermosa antítesis entre Moisés y Cristo, donde se dice que Moisés «fue fiel como siervo en toda la casa de Dios [...]. En cambio, Cristo es fiel como Hijo sobre su casa».[81] Porque si Él es el Hijo de Dios en virtud de Su oficio, como Mediador, es un Siervo como tal, como lo fue Moisés, solo que Él sería un Siervo de un rango más alto y en un oficio mayor. Creo que no se puede presentar ningún ejemplo entre los hombres de que

---

[79] Hechos 9:20.

[80] 1 Juan 4:14-15; 5:5.

[81] Hebreos 3:5-6 {RVA 2015}.

alguien sea llamado hijo de otro porque es su siervo. Un hijo y un siervo siempre se consideran distintos; no es que un hijo no pueda ser siervo también; pero, en ese caso, no es hijo porque sea siervo. Esta distinción la mantiene nuestro Señor cuando dice: «el esclavo no queda en la casa para siempre; el hijo sí permanece para siempre».[82]

4. Algunos pasajes hablan de Cristo como el Hijo de Dios para añadir con esto gloria a Su oficio y virtud a Sus acciones como Mediador; es más, manifiestan sorpresa de que Él, siendo el Hijo de Dios, actuara como Mediador.

A veces la Escritura se refiere a Él con el Nombre de «el Hijo de Dios» para añadir con esto gloria a Su oficio de Mediador; como cuando el apóstol dice: «Por tanto, teniendo un gran sumo sacerdote que ha traspasado los cielos, Jesús el Hijo de Dios, retengamos nuestra confesión».[83] ¿Qué hace que este Sumo Sacerdote Jesús sea tan grande y nos equipe con un argumento tan fuerte para que retengamos nuestra confesión de Él? Que Él es el Hijo de Dios por naturaleza y no por oficio. Si «Hijo de Dios» fuera solo un término que se refiere al oficio de Mediador, no habría énfasis en esto, ni tanta fuerza en el argumento que se basa en ello.

Además, a veces la Escritura habla de Él con el Nombre de «el Hijo de Dios» para añadir virtud y eficacia a Sus acciones como Mediador. Por eso, en la limpieza de todo pecado, el apóstol Juan atribuye la virtud de Su sangre a Su condición de Hijo de Dios cuando dice: «y la sangre de Jesucristo su Hijo [aquí está el énfasis de las palabras] nos limpia de todo pecado».[84]

---

[82] Juan 8:35.
[83] Hebreos 4:14 {RVA 2015}.
[84] 1 Juan 1:7 {RVR60}.

Una vez más, la Escritura considera algo maravilloso que el Hijo de Dios actúe como Mediador. Por eso se nos dice que «aunque era Hijo, aprendió obediencia por lo que padeció».[85] Pero ¿por qué maravillarse o sorprenderse si siendo un Mediador actúa como Mediador? Antes bien, aquí está la maravilla: Que siendo el Hijo de Dios, existiendo en forma de Dios y siendo igual a Él, se haga obediente hasta la muerte, y muerte de cruz. En fin, todos los pasajes[86] que tienen por objeto expresar la grandeza del amor de Dios en el don y la misión de Su Hijo, y en darlo por los pecados de todo Su pueblo, lo expresan mejor y más plenamente cuando se entiende que esta frase (el Hijo de Dios) se refiere a alguien que es una Persona divina y es de la misma naturaleza que Dios que cuando se entiende que se refiere a alguien que solo es un siervo a Sus órdenes.

Algunos afirman la Deidad propia del Hijo y Su personalidad distinta del Padre, y no están ni en el esquema sociniano ni en el sabeliano, pero piensan que los términos «*Mesías, Rey de Israel* e *Hijo de Dios* son sinónimos»,[87] que «la segunda Persona es llamada el Hijo de Dios, no únicamente por razón de la naturaleza divina, sino porque la naturaleza humana está en unión con esta»[88], o como Dios-

---

[85] Hebreos 5:8.

[86] Juan 3:16; Romanos 8:3, 32; 1 Juan 4:9-10.

[87] Videmus enim nomina illa Messias, rex Israelis, filius Dei in illis locis (nempe Mat. 16:16; Jua. 1:49; 11:27; Mat. 26:83; Jua. 20:31) quodammodo ἰσαδυναμοῦντα, h. e., eandem significandi vim habere, ut qui unum novit, alia quoque noverit. Tali enim modo secunda persona in ordine & σχέσει ad primam, Deitatem suam per opera oeconomica demonstravit, quo filius potest in ordine ad patrem suum (Herman Alexander Röell, *De generatione filii et morte fidelium temporali* {trad. no oficial: *Sobre la generación del Hijo y la muerte temporal de los fieles*}, disertación 1, § 42, p. 43; véase también la disertación 2, § 105, p. 133).

[88] Ratio ergo cur secunda persona Deitatis vocetur filius Dei, meo judicio, petenda est, non ex divina ejus natura simpliciter, sed quatenus humanam sibi conjunxit, & in ea divinae gloriam demonstrare voluit, operibus iis, quae secun-

hombre y Mediador, que «Su filiación eterna no significa otra cosa que una comunión eterna de la misma naturaleza y coexistencia con la primera Persona»,[89] y también que aunque

> esos Nombres (*Padre* e *Hijo*) significan principalmente una comunión de la misma naturaleza, aun así, {se usan} para respetar y tener una consideración singular por la manera en que la Sagrada Trinidad lo manifestaría, por la maravillosa economía de las Personas, especialmente en la obra de la redención del hombre.[90]

A esto se ha respondido que

> la razón por la que la frase «el Hijo de Dios» se usa a veces en los escritos del Nuevo Testamento con el mismo significado que la palabra *Mesías* o *Cristo* (como en Jua. 1:49; y Mat. 16:16) es que los judíos, al observar que el que es llamado el Mesías en Salmos 2:2 es llamado después el Hijo de Dios, a menudo usaban la frase «el Hijo de Dios» para referirse al Mesías. Pero de esto no debería deducirse que la razón por la que la segunda Persona es llamada el Hijo de Dios se deba a Su oficio mediador. Solo lo siguiente puede concluirse de ello: Que el Mesías debía ser el Hijo de Dios y debía demostrar serlo; no que debía ser llamado el Hijo de Dios porque era el Mesías o Redentor de la humanidad.[91]

---

dum oeconomiam peragere debebat ut Mediator generis humani (Röell, *De generatione filii et morte fidelium temporali*, disertación 2, § 105, p. 133).

[89] Probatur aeternitate secundae personae proculdubio nihil aliud aeterna ejus generatio significare potest quam aeternam naturae ejusdem communionem & cum prima co-existentiam (Röell, *De generatione filii et morte fidelium temporali*, disertación 1, § 32, p. 34).

[90] Quod *nomina illa* (nempe, pater & filius) significent praecipue & in emphasi *communionem ejusdem naturae*, verum ita, ut *modum* quoque, quo eam *manifestare* voluit sacrosanta Trinitas per admirandam illam personarum, in operibus imprimis redemptionis humani generis, *oeconomiam* respiciant & ad eum singularem σχέσιν habeant (Röell, *De generatione filii et morte fidelium temporali*, disertación 1, § 40, p. 40).

[91] Quod vero vocabulum *filius Dei* aliquando in scriptis novi Testamenti idem valeat significatione, quod vocabulum Messias sive Christus (Jua. 1:50; Mat. 16:16). Id inde ortum est, quod Judaei considerarent, eum qui Sal. 2:2 *Messias* vocatur, deinceps vocari *filium Dei*. Inde est, inquam, quod phrasin *filii Dei* saepe acceperint pro *Messia*, Sed inde minime argui potest, ex *Mediatorio Christi* officio, petendam esse rationem, cur secunda persona vocatur *filius Dei*. Id tantum inde colligi potest, quod Messias debuerit esse & demonstrari *Dei*

Además, si la filiación del Hijo solo significa una comunión de la misma naturaleza y una coexistencia con el Padre, entonces,

> en el Padre, *engendrar* significa lo mismo que, en el Hijo, *ser engendrado*; que, en la primera Persona, la palabra *Padre* quiere decir lo mismo que, en la segunda Persona, quiere decir la palabra *Hijo*; que la misma Persona que ahora es llamada «el Padre» pudo haber sido llamada «el Hijo», y la misma Persona que ahora es llamada «el Hijo» pudo haber sido llamada «el Padre». En efecto, significa que la segunda Persona bien pudo ser llamada Padre de la primera, como la primera ser llamada Padre de la segunda.[92]

Lo anterior produjo esta ingenua confesión: Que «si hubiera sido la voluntad de Dios, la Persona que ahora se llama el Padre podría haber sido llamada el Hijo».[93] A esto también se ha respondido que

> en la redención de la humanidad, la primera Persona aparece siendo el Padre, la segunda el Hijo del Padre, y la tercera el Espíritu del Padre y del Hijo. Sin embargo, esta aparición y manifestación no es la razón por la que la primera Persona se llama el Padre, la segunda el Hijo y la tercera el Espíritu; porque a menos que hubieran sido Padre, Hijo y Espíritu antes de esta manifestación de Su economía, estas tres Personas no podrían manifestarse y revelarse como tales. Por lo tanto, si fueron Padre, Hijo y Espíritu antes de esta

---

filius. Non vero illud, quod ideo *Dei filius* vocandus erat, quod sit Messias sive Redemptor generis humani (Campegius Vitringa, *Epilogus disputationis, non ita pridem a se habitæ, De generatione Filii et morte fidelium temporali* [...] *contra Röell* {trad. no oficial: *Epílogo de la disputa iniciada por él mismo no hace mucho tiempo con «Sobre la generación del Hijo y la muerte temporal de los fieles»* [...] *contra Röell*}, § 28, p. 45).

[92] *Quarum refutationi subjunxeram absurda, quibus gravantur. (1) Generare* in patre idem esse & notare secundum intentionem spiritus sancti, quod *generari* in filio. (2) Vocem *patris* in persona *prima* idem notare, quod eam filii notat in *secunda*. (3) Eam personam, quae nunc dicitur *pater*, potuisse dictam esse *filium*, & quae nunc dicitur *filius*, potuisse esse dictam *patrem*. (4) Addo nunc *personam secundam* aeque posse dici *patrem primae*, ac *prima* dicitur *pater* secundae (Campegius Vitringa, *Epilogus disputationis, non ita pridem a se habitæ, De generatione Filii et morte fidelium temporali* [...] *contra Röell*, § 28, pp. 3-4).

[93] *Ut ingenue loquar, non video, quid in eo difficultatis tandem esse possit, si dicamus, potuisse forte: Nescio, enim hoc, & non nisi de perceptis & notis judicare licet: Potuisse, inquam, forte, si visum ita Deo fuisset, fieri, ut quae persona nunc pater vocatur, filius vocata fuisset* (Röell, *De generatione filii et morte fidelium temporali*, disertación 1, § 39, p. 40).

manifestación, evidentemente se sigue que la razón de esos Nombres no puede ni debe deducirse de esta manifestación, sino de la naturaleza de las perfecciones de esas tres Personas; porque las tres Personas habrían sido Padre, Hijo y Espíritu si nunca se hubieran revelado y manifestado como tales entre los hombres.[94]

A lo cual solo añadiré que, si estos Nombres se dan a estas tres Personas divinas por razón de Su distinta participación en la economía de la salvación del hombre, alguna razón debería darse de por qué la primera Persona se llama el Padre, la segunda el Hijo y la tercera el Espíritu. Pero ahora procederé a demostrar que Cristo es el Hijo de Dios como Persona divina distinta en la Divinidad, o que es el Hijo verdadero y natural de Dios, engendrado en la esencia divina por el Padre de un modo y manera que nosotros no podemos abarcar ni concebir en su totalidad con nuestro entendimiento.

1. Creo que es evidente que Cristo es el Hijo verdadero y natural de Dios, y no en un sentido impropio, alusivo o metafórico, por todos los pasajes de la Escritura que hablan de Él como el propio Hijo de Dios, Su propio Hijo, el Hijo Suyo y Su Hijo unigénito. Si es Su propio Hijo, entonces debe serlo, ya que es de la misma naturaleza que Él, y, por consiguiente, debe ser Su Hijo natural. Si es Su propio Hijo, entonces no lo es en sentido figurado e impropio. Y si es Su Hijo unigénito, debe serlo como

---

[94] *Prima persona* est demonstrata esse *Pater*; *secunda* persona est demonstrata & *manifestata* esse *filius patris*; *tertia persona* est demonstrara & manifestata esse *spiritus patris & filii* in redemptione generis humani, sed haec *demonstratio* & *manifestatio* non est causa, cur prima persona *pater*, secunda *filius*, & tertia *spiritus* vocata est; nisi enim jam ante illam *manifestationem* suae oeconomiae fuissent *pater, filius & spiritus s.* non potuissent tres illae personae, ut tales *manifestari* & *demonstrari*; si vero jam ante illam manifestationem fuerunt *pater, filius*, & *spiritus*, sequitur evidenter, quod ratio horum nominum non possit vel debeat peti ab illa *manifestatione*, sed ex ipsa natura perfectionum trium harum personarum; *tres* enim *personae* fuissent *pater, filius*, & *spiritus*, etiamsi ut tales nunquam fuissent demonstratae & manifestatae inter homines (Campegius Vitringa, *Epilogus disputationis, non ita pridem a se habitæ, De generatione Filii et morte fidelium temporali* [...] *contra Röell*, § 28, p. 42).

Dios o como hombre. No lo es como hombre, porque como tal no tuvo padre, por ende, no fue engendrado; por tanto, debe serlo como Dios. Si se dijera que es llamado así por Su constitución como Dios-hombre y Mediador, habría que demostrar que hay algo en Su constitución como tal que es al menos análogo a la filiación y proporciona una razón suficiente para que lleve este Nombre y caracterización {de «el Hijo de Dios»} y esté en la relación de Hijo con Su Padre.

2. Es fácil observar que Cristo, como Hijo, es llamado Dios explícitamente, y que el término «Hijo de Dios» se usa para expresar una Persona divina. Por ejemplo, Hebreos 1:8 declara: «Pero del Hijo dice: TU TRONO, OH DIOS, ES POR LOS SIGLOS DE LOS SIGLOS». Y 1 Juan 5:20 afirma: «Y sabemos que el Hijo de Dios ha venido [...]; y nosotros estamos en Aquel que es verdadero, en Su Hijo Jesucristo. Este es el verdadero Dios y la vida eterna»; es decir, Jesucristo, el Hijo de Dios, es el Dios verdadero; pues con Él está estrechamente relacionada la frase «el verdadero Dios»; Jesucristo es el antecedente inmediato del pronombre demostrativo «Este». Además, las frases «Dios fue manifestado en carne» y «el Hijo de Dios se manifestó»[95] son sinónimas y designan igualmente a una Persona divina que se hizo carne y habitó entre nosotros. Además, siempre que Cristo afirmaba que era el Hijo de Dios, o que Dios era Su Padre, los judíos entendían que se hacía Dios, e igual a Él; por lo tanto, lo acusaban de blasfemia y, por esta razón, pedían que fuera condenado a muerte.

3. Cristo, como Hijo, afirma Su igualdad con el Padre cuando dice: «Yo y el Padre somos uno»;[96] es decir, no uno en Persona, lo cual sería una contradicción, sino uno en naturaleza, y así también en poder. Las mismas perfecciones que tiene el Padre,

---

[95] 1 Timoteo 3:16 {RVR60}; 1 Juan 3:8.
[96] Juan 10:30.

las tiene el Hijo, por ejemplo: la omnisciencia, la omnipotencia, etc. Así como el Padre conoce al Hijo, el Hijo conoce al Padre; y como Hijo de Dios escudriña las mentes y los corazones. Él ha hecho y hace todas las cosas que Su Padre ha hecho o hace: Hizo el universo y sostiene todas las cosas por la palabra de su poder; resucitará a los muertos y juzgará al mundo; y recibe el mismo honor, honra, culto y adoración divinos que el Padre.

4. Otros llegaron a la conclusión de que era el Hijo de Dios, no por Sus obras y acciones mediadoras, sino por las que hizo como Dios. Cuando Satanás puso en duda Su filiación, lo probó pidiéndole que hiciera algo que solo Dios podía hacer, como ordenar que las piedras se convirtieran en pan y hacer algo que sabía que, si era un simple hombre y no el Hijo de Dios, acabaría con su muerte, a saber, lanzarse desde el pináculo del templo.[97] De la misma manera, los judíos lo insultaron en la cruz diciéndole: «Tú que destruyes el templo y en tres días lo reedificas, sálvate a ti mismo, si eres el Hijo de Dios, y desciende de la cruz».[98] Fue un acto de la omnisciencia de Cristo lo que obligó a Natanael a hacerle aquella franca confesión: «Rabí, tú eres el Hijo de Dios».[99] Fue un acto de la omnipotencia de Cristo al calmar el viento embravecido lo que hizo que los hombres en la barca donde estaban los discípulos vinieran a adorarlo, diciendo: «En verdad eres Hijo de Dios».[100] Cuando Cristo estaba padeciendo en la cruz, no fue la satisfacción que dio entonces a la ley y a la justicia por los pecados de Su pueblo, ni el perdón de sus pecados, que en ese momento compró con Su sangre, ni ninguna otra obra teándrica o mediadora semejante hecha entonces, sino las

---

[97] Mateo 4:3, 6.
[98] Mateo 27:40.
[99] Juan 1:49.
[100] Mateo 14:33.

tinieblas de los cielos, el temblor de la tierra, el partimiento de las rocas y otras obras divinas y sorprendentes semejantes los que hicieron decir al centurión y a los que estaban con él: «En verdad éste era Hijo de Dios».[101]

5. La fórmula del bautismo dice: «en el nombre del Padre y del Hijo y del Espíritu Santo».[102] El bautismo es un acto solemne de adoración divina y no debe administrarse en nombre de nadie más que de las Personas divinas. Si el término *Hijo* no expresa la dignidad de Su naturaleza divina, la cual es el fundamento y sostén original de esta adoración divina y lo que le da derecho a esta, sino solo Su oficio de Mediador, entonces somos bautizados en el Nombre de dos Personas divinas, en Sus títulos y caracterizaciones más elevados, y en el Nombre de la otra, en Su título y caracterización más bajo e inferior.

6. Así como la frase «Hijo del hombre» se refiere a Alguien que es verdaderamente hombre, la frase «Hijo de Dios» debe referirse a Alguien que es verdaderamente Dios. Si el Mesías es llamado Hijo del hombre por Su naturaleza humana, debe ser llamado Hijo de Dios por Su naturaleza divina.

De todo esto creo que podemos concluir firmemente que Cristo es el Hijo verdadero y natural de Dios, engendrado por Dios el Padre en la naturaleza o esencia divina; aunque el modo de generación {o filiación} pueda ser inexplicable para nosotros.

IV.2.C.3. Algunas cosas con respecto a la filiación de Cristo que pueden servir para ayudarnos y guiarnos en nuestros pensamientos e investigaciones al respecto

En tercer lugar, prosigo señalando algunas cosas que pueden servir para considerar este trascendental artículo de la Fe.

---

[101] Mateo 27:54.
[102] Mateo 28:19.

1. Observo que últimamente han sido desechados varios pasajes en los que antes se insistía como pruebas de la filiación eterna de Cristo, tales como: Salmos 2:7; Proverbios 8:22-30; Miqueas 5:2, y están siendo desechados precisamente por aquellos que han afirmado la deidad propia y la filiación natural de Cristo.[103]

En lo que respecta a Salmos 2:7, no estoy dispuesto a separarme de este texto como prueba de la filiación eterna de Cristo: «"Mi Hijo eres tú, yo te he engendrado hoy"». En cuanto a la frase traducida «hoy», bien puede pensarse que expresa eternidad, que para Dios es un eterno *ahora*. Para Él, mil años son como un día; y lo mismo ocurre con la eternidad, que es llamada «día» en Isaías 43:13 {RVR60}. Del mismo modo leemos de «los días de la eternidad» en Miqueas 5:2; y el Ser divino es llamado el Anciano de días en Daniel 7:9. En efecto, en este Salmo se habla de Cristo como Mediador, como Rey sobre Sion, el santo monte de Dios, contra quien bramaron las naciones y conspiraron los reyes de la tierra; y, para expresar la dignidad de Su Persona, la grandeza del crimen de ellos y la inutilidad de sus intentos, se declara aquí que Él no es otro que el propio Hijo engendrado por Dios. Asimismo, para mostrar la gloria de Su naturaleza, la excelencia de Su Persona y Su preeminencia sobre los ángeles, estas palabras son citadas en Hebreos 1:5. También se citan en Hebreos 5:5, donde todo lo que se puede deducir de estas es que el que hizo a Cristo Sumo Sacerdote le había dicho: «Hijo mío eres tú…». No es que el hecho de que se lo dijera constituyera Su condición de Sumo Sacerdote, sino que solo describía al que lo hizo Sumo Sacerdote. Estas palabras se citan una vez más en Hechos 13:33 y se refieren a la resurrección de

---

[103] Véase Hussey, *The Glory of Christ unveil'd* {trad. no oficial: *La revelación de la gloria de Cristo*}, pp. 91-92.

Cristo; la cual, como ya se ha observado, era solo una declaración de la relación {Padre-Hijo} misma. Además, estas palabras realmente pueden aplicarse con toda propiedad a todas las veces y momentos en que Cristo se manifestó como Hijo de Dios y fue declarado como tal.[104]

En lo que respecta a Proverbios 8, es una prueba gloriosa de la existencia eterna de Cristo, aunque no tan clara de Su filiación eterna. Las frases que expresan establecimiento {v. 23}, posesión {v. 22}, dar a luz {v. 24} y trabajo en conjunto {v. 30} parecen referirse más bien a Su oficio mediador; aunque si no hubiera existido eternamente, no podría haber sido establecido como Mediador desde la eternidad ni haber sido engendrado antes que los montes fueran asentados, antes que las colinas.

Miqueas 5:2 es también una prueba fuerte y clara de la eternidad de Cristo, aunque no de Su filiación. La frase «sus salidas son desde el principio» {RVR60} está en número gramatical plural y denota más de un acto; además, no puede referirse a que el Padre engendrara al Hijo, sino a las salidas, métodos y pasos de Cristo en el eterno concilio y pacto de paz para asegurar la salvación de Su pueblo; aunque si no hubiera existido eternamente, no podría haber salido de tales maneras y métodos desde los días de la eternidad. A esto podría añadirse Isaías 53:8 {RVR60}: «y su generación, ¿quién la contará?», algo que la mayoría de los antiguos entendieron como la generación eterna de Cristo, aunque la palabra hebrea רוד no admite de ninguna manera tal significado. Antes bien, el texto se refiere a la numerosa descendencia y simiente del Mesías, o

---

[104] Atque hinc est quod illud, «tu es filius meus» (Sal. 2:7) applicetur in scriptis N. Test. omni casui; in quo Christus demonstratus est esse *Dei filius* (Campegius Vitringa, *Epilogus disputationis, non ita pridem a se habitæ, De generatione Filii et morte fidelium temporali* [...] *contra Röell*, § 28, p. 44).

a la crueldad, barbarie y maldad de la época, o a los hombres de esa generación en la que Él viviría. Por lo tanto, no he presentado estos pasajes como pruebas de la filiación divina de Cristo; la verdad puede sostenerse sin estos.

2. Observo que la naturaleza divina del Hijo no es más engendrada que la del Padre y la del Espíritu Santo, porque es la misma naturaleza divina, que es común a los tres y es poseída por los tres. De donde se sigue que, si la naturaleza divina del Hijo fuese engendrada, también lo sería la naturaleza divina del Padre y la del Espíritu Santo. La esencia divina ni engendra ni es engendrada;[105] es una Persona divina en la esencia la que engendra, y una Persona divina en esa esencia la que es engendrada. La esencia no engendra la esencia, sino que la Persona engendra a la Persona; de lo contrario, habría más de una sola esencia, mientras que, aunque haya más de una Persona, no hay más de una sola esencia. Por eso recientemente un escritor nos ha descrito muy erróneamente como personas que sostienen que la divinidad de Cristo es engendrada.[106]

3. Prefiero expresarme junto con los teólogos que dicen que el Hijo es engendrado *en* la esencia divina y no *de* la esencia divina.[107] Como Hijo unigénito de Dios, Cristo está en el seno del Padre. El Padre está en Él, y Él está en el Padre. La esencia o sustancia del Padre no es la materia de la que es engendrado. El acto de engendrar es interno e inmanente en Dios. El Padre engendra a una Persona divina, no *de*, sino *en* Su naturaleza y

---

[105] Véase Wendelin, *Christian Theology*, Libro 1, cap. 2, tesis 2, p. 94; Essenii, *Systematis theologici pars prior*, parte 1, polémica 17, p. 149.

[106] William Davis, *The great concern of Jew and Gentil*, p. 40.

[107] Henricus Alting, *Theologia problematica nova* {trad. no oficial: *Nueva teología problemática*}, Parte 1, problema 11, p. 52; Johannem Polyandrum, Andream Rivetum, Antonium Walaeum y Antonium Thysium, *Synopsis Purioris Theologiae* {trad. no oficial: *Sinopsis de una Teología más pura*}, polémica 8, tesis 12, p. 85. Nota de los traductores: La paginación está en correspondencia con la edición citada por John Gill.

esencia. Entiendo que todos los pasajes que enseñan que Cristo procede y sale de Dios se refieren a Su misión en el mundo como Mediador.[108]

4. Debemos eliminar de la generación y filiación divina de Cristo todo lo que lleva en sí imperfección, como la divisibilidad o multiplicación de la esencia, la prioridad y posterioridad, la dependencia y cosas semejantes. No debemos hacer de la generación natural o terrenal la regla y medida de la generación divina, que es hiperfísica o superior a la naturaleza; ni establecer un paralelismo entre ambas en todos los aspectos; basta con que haya algún tipo de analogía y concordancia entre estas que justifique el uso de los términos *generación*, *filiación*, etc. Por ejemplo, así como en la generación humana la persona engendra a la persona, y lo semejante engendra a lo semejante, lo mismo sucede en la generación divina, pero…

5. El modo y la manera de engendrar no pueden ser concebidos ni explicados por nosotros. Tampoco tenemos por qué extrañarnos de que así sea, pues no podemos dar cuenta de nuestra propia generación, y mucho menos de la de Cristo. No sabemos «cuál es el camino del viento, o cómo crecen los huesos en el vientre de la mujer encinta».[109] La regeneración de los santos es un enigma para el hombre natural, quien dice junto con Nicodemo: «¿Cómo puede hacerse esto?»[110]. Y no tiene por qué sorprender que la generación divina de Cristo sea tan enigmática, incluso para un hombre espiritual. Si la encarnación de Cristo y la unión de dos naturalezas en una sola Persona son indiscutiblemente un gran misterio de la piedad, también debemos contentarnos con que la filiación eterna de Cristo se considere así.

---

[108] Juan 8:42; 13:3; 16:27-28.

[109] Eclesiastés 11:5. Nota de los traductores: Debido a un error de referencia, el libro original dice Eclesiastés 11:3.

[110] Juan 3:9.

Capítulo 8
Sobre la personalidad del Hijo

IV. Los respectivos Nombres, la deidad propia y la personalidad distinta de cada uno de estos tres: el Padre, el Verbo y el Espíritu (Continuación)

Habiendo considerado el Nombre de Λόγος o Verbo que lleva la segunda Persona, probado Su deidad, e inquirido sobre Su filiación, procedo a establecer Su personalidad divina y distinta.

IV.2.C.4. *Su personalidad divina y distinta*

La definición de Persona concuerda con Él. Es un individuo que subsiste por Sí mismo, vive, tiene voluntad y entiende. Tiene vida en Sí mismo y es el Autor de la vida en los demás. Posee una voluntad que puede distinguirse de la de Su Padre, aunque no se opone a esta. Además, conoce a Su Padre tan perfectamente como Su Padre lo conoce a Él. Tratar de probar que Cristo es una Persona, y una distinta del Padre y del Espíritu Santo, es una empresa tan sencilla comparada con lo anterior como probar que existe un cuerpo tan glorioso y luminoso como es el Sol, y hacerlo en el momento que este resplandece al mediodía y nos envuelven sus rayos y su luz deslumbrantes. Dar todas las pruebas de esta verdad en su máxima extensión sería transcribir gran parte del Nuevo Testamento, donde puede encontrarse en casi todos los versículos y líneas. Me limitaré a agrupar estas pruebas en algunos puntos:

1. Todos los pasajes que hablan de Cristo como el Hijo de Dios, como Su propio Hijo y Su Hijo unigénito muestran que es una

Persona, y una Persona distinta.[1] Si no fuera una Persona, no podría decirse con propiedad que es engendrado; y si es Hijo, debe ser distinto de Aquel de quien es Hijo y por quien es engendrado. Así como la caracterización personal distintiva del Padre es engendrar, así también la caracterización personal distintiva del Hijo es ser engendrado. Así como nunca se dice que el Hijo y el Espíritu engendran, tampoco se dice del Padre ni del Espíritu Santo que son engendrados.

2. Todos los pasajes que declaran que Cristo estaba con Dios el Padre, que trabajaba junto con Él y cosas semejantes indican claramente Su personalidad distinta,[2] porque debe ser una Persona para que esté con otra, y debe ser distinta de aquella Persona con quien está. No puede decirse propiamente que esté consigo mismo ni hay razón alguna para concluir que este sea el significado de estos pasajes.

3. Todos los pasajes que afirman que fue establecido desde la eternidad como Cabeza del Pacto y Mediador y que todos los elegidos, con toda bendición y gracia para ellos, fueron puestos en Sus manos como tales confirman esta verdad.[3] Debe ser una Persona, y esto no debe ser solamente de nombre o caracterización, o no podría decirse que fue establecido y se le entregaron todos los elegidos de Dios, con toda bendición espiritual para ellos. Y debe ser una Persona distinta de Aquel que lo estableció y le confió todas esas personas y cosas.

4. Todos los pasajes que nos aseguran que el Hijo fue enviado cuando vino la plenitud del tiempo a fin de que fuera el Salvador de pecadores son otras tantas pruebas de Su personalidad distinta.[4] Si no fuera una Persona, no podría ser

---

[1] Juan 1:14, 18; 3:16; Romanos 8:3, 32; y muchos otros pasajes.

[2] Proverbios 8:30; Juan 1:1; 1 Juan 1:2.

[3] Proverbios 8:22-23; Juan 6:37; 10:28; Efesios 1:2; 2 Timoteo 1:9.

[4] Isaías 48:16; Gálatas 4:4; 1 Juan 4:9-10, 14.

enviado; y debe ser distinto de Aquel o Aquellos por quienes es enviado. El que envía y el que es enviado no pueden ser la misma Persona, de lo contrario, habría que decir que se envió a Sí mismo.

5. Todos los pasajes que dicen que dio satisfacción y hablan de Su sacrificio, como cuando se declara que se ofreció a Sí mismo a Dios, que con Su sangre nos redimió para Dios y que nos reconcilió con Él por Su muerte, muestran Su personalidad distinta.[5] Si no fuera una Persona, no podría decirse que hiciera todo esto. Y debe ser distinto de Aquel a quien se ofreció, y para quien redimió y con quien reconcilió a Su pueblo. Seguramente no será correcto decir que se ofreció a Sí mismo a Sí mismo ni que dio satisfacción a Sí mismo por los pecados de Su pueblo.

6. Todos los pasajes que hablan de Su ascensión a los cielos y de Su sentarse a la diestra de Dios son testimonios plenos y claros de esta verdad.[6] Él debe ser una Persona distinta de Su Dios y nuestro Dios, de Su Padre y nuestro Padre, a quien ascendió; y no puede ser la misma Persona que Aquel a Cuya diestra está sentado.

7. Todos los pasajes que hablan de Su abogacía, intercesión y mediación confirman lo mismo.[7] Porque ciertamente no puede decirse que abogue, interceda, o medie ante Sí mismo en favor de Su pueblo.

8. Una vez más, el hecho de que juzgue al mundo en el día final, con todas las circunstancias que lo acompañan, demuestra que es una Persona, una Persona divina, y una Persona distinta del Padre y del Espíritu Santo. Porque así como esa obra nunca se atribuye al Espíritu Santo en la Escritura, tampoco se atribuye

---

[5] Efesios 5:2; Hebreos 9:14; Apocalipsis 5:9; Romanos 5:10.

[6] Juan 20:17; Hebreos 1:3.

[7] Hebreos 9:24; 7:25; 1 Juan 2:1.

al Padre: «Porque ni aun el Padre juzga a nadie, sino que todo juicio se lo ha confiado al Hijo».[8]

En resumen, como Persona distinta del Padre y del Espíritu Santo, será el objeto de la alabanza, admiración y adoración de los santos por todas las interminables edades de la eternidad.

---

[8] Juan 5:22.

Capítulo 9
Demostración de la personalidad y deidad del Espíritu Santo

IV. Los respectivos Nombres, la deidad propia y la personalidad distinta de cada uno de estos tres: el Padre, el Verbo y el Espíritu (Continuación)

He considerado los respectivos Nombres, la deidad propia y la personalidad distinta del Padre y del Hijo; y ahora debo tratar del Espíritu Santo.

En mi introducción a este tema solo observaré que {en inglés} las palabras *Ghost* y *Spirit* tienen el mismo significado {Espíritu}; exactamente la misma palabra en el idioma griego es traducida lo mismo *Ghost* que *Spirit*. Hago esta observación por el bien de algunas personas pobres, débiles y desconocedoras que interpretan estas palabras como si tuvieran diferentes significados y hablan erróneamente de un espíritu creado y eterno, lo cual es una contradicción de términos, como algo distinto del Espíritu Santo.

La palabra *espíritu* se usa de diversas maneras. A veces significa *viento*, como en Juan 3:8, donde el Espíritu Santo es comparado con este debido a la concordancia que tienen en cuanto a nombre y a cierta analogía entre el viento y las operaciones divinas del Espíritu.

A veces significa *aliento*, como en Santiago 2:26.[1] Y es fácil notar que el Espíritu Santo es llamado el aliento del Señor y el aliento del Todopoderoso.[2] Ahora bien, así como la generación {o filiación} expresa el modo distintivo del Hijo de subsistir en la esencia divina, también la espiración puede expresar el modo distintivo del Espíritu de subsistir en esta; y tal vez sea la verdadera razón de que lleve este Nombre.[3]

El alma del hombre es un *espíritu*: «hay un espíritu en el hombre»[4]; y esa es su alma, que el Señor ha formado en él; por eso es llamado el Padre de los espíritus.[5] Pero el alma del hombre, aun cuando sea renovada y santificada, nunca es llamada Espíritu Santo, como han imaginado vanamente algunos que no son amigos de la deidad propia del bendito Espíritu.[6]

Los ángeles son llamados con el mismo nombre; Dios hace a Sus ángeles espíritus, y por Él son enviados como espíritus ministradores. Pero de esta clase de espíritus no es el Espíritu Santo. La frase nunca se usa para {denominar} todo el cuerpo y multitud de santos ángeles, como algunos han insinuado.[7] No se

---

[1] Nota de los traductores: Debido a un error de referencia, el libro original dice Santiago 1:26.

[2] Salmos 33:6; Job 33:4 (Nota de los traductores: Debido a un error de referencia, el libro original dice Job 33:3).

[3] Vocabulum רוח quando *tertiae personae* applicatur, notat *halitum*. Quod inde constat, quia alias vocatur *spiritus* oris sive *halitus Dei*, eo vero emblemate significatur modus subsistendi *Spiritus S.* Qui est per *processionem naturalem* (Campegius Vitringa, *Epilogus disputationis, non ita pridem a se habitæ, De generatione Filii et morte fidelium temporali* [...] *contra Röell*, § 29, p. 46).

[4] Nota de los traductores: Job 32:8.

[5] Nota de los traductores: Véase Hebreos 12:9.

[6] Véase Christoph Wittich, *Causa Spiritus Sancti, Personae Divinae, Ejusdem Cum Patre Et Filio Essentiae* {trad. no oficial: *La causa del Espíritu Santo, Persona divina, de la misma esencia que el Padre y el Hijo*}, pp. 8-9.

[7] Véase Christoph Wittich, *Causa Spiritus Sancti, Personae Divinae, Ejusdem Cum Patre Et Filio Essentiae*, pp. 118 en adelante; y Christoph Wittich, *Causa Spiritus Sancti victrix* {trad. no oficial: *La causa del Espíritu Santo vence*}, pp. 156 en adelante.

puede presentar un solo ejemplo de este uso; no se puede dar una sola prueba de ello.

Se dice que Dios, considerado esencialmente, es un Espíritu, es decir, una Sustancia espiritual; lo cual puede decirse de las tres Personas (Padre, Hijo y Espíritu); pero solo la tercera Persona es llamada *Holy Spirit* o *Holy Ghost* {en inglés: Espíritu Santo}, a distinción del Padre y del Hijo. Y me propongo demostrar que este Espíritu Santo es una Persona, una Persona distinta y una Persona divina.

IV.3.A. El Espíritu Santo es una Persona

Primero me propongo demostrar que es una Persona, lo cual se hará fácilmente observando que

IV.3.A.1. Se le atribuye subsistencia personal

Así como el Padre tiene vida en Sí mismo, y el Hijo tiene vida en Sí mismo, también el Espíritu Santo tiene vida en Sí mismo. Él es el Autor de la vida natural: «El Espíritu de Dios me ha hecho» —dice Eliú— «y el aliento del Todopoderoso me da vida».[8] Es también el Autor de toda vida espiritual: Es Él quien implanta el principio de la vida y lo sustenta y conserva para vida eterna. Todo lo cual Él no podría ser y hacer a menos que tuviera vida en Sí mismo. Y si tiene vida en Sí mismo, debe ser una Persona que subsiste por Sí misma.

IV.3.A.2. Se le atribuyen Nombres y acciones personales

Es descrito como una Persona cuando se dice que convence de pecado, de justicia y de juicio, consuela los corazones del pueblo de Dios, les da testimonio de su adopción, les enseña todas las cosas, los guía a toda la verdad, los ayuda en sus oraciones, intercede por ellos conforme a la voluntad de Dios, y los sella para el día de la redención.

---

[8] Job 33:4.

Así sucede también cuando se dice que equipa a los hombres con dones para la obra del ministerio y los llama y designa para ello. Ahora bien, todas estas cosas las obra uno y el mismo Espíritu; y nada de ello podría hacer ni sería llamado como lo es (el Espíritu de fe, de santidad, de adopción, de sabiduría y revelación, la unción que enseña todas las cosas, y otros muchos Nombres y caracterizaciones de la misma importancia) si no fuera una Persona.

IV.3.A.3. *Se le atribuyen propiedades personales como el entendimiento y la voluntad*

Es un Agente inteligente; conoce las cosas de Dios, incluso las cosas profundas de Dios que no están al alcance del entendimiento de las criaturas, sin {necesidad de} una revelación divina:

> … porque el Espíritu todo lo escudriña, aun las profundidades de Dios. Porque entre los hombres, ¿quién conoce los pensamientos de un hombre, sino el espíritu del hombre que está en él? Asimismo, nadie conoce los pensamientos de Dios, sino el Espíritu de Dios.[9]

Además, así como es un Agente inteligente, también es un Agente con voluntad: Así como conoce todas las cosas, también hace todas las cosas según Su voluntad y placer: «Pero todas estas cosas las hace uno y el mismo Espíritu, repartiendo a cada uno en particular como él quiere».[10]

IV.3.A.4. *Se le atribuyen afectos personales como amar, entristecerse,[11] etc.*

Así como el Padre ama a los elegidos y lo ha demostrado en la elección de ellos para salvación, y así como el Hijo los ama y lo ha demostrado en la redención de ellos del pecado y la miseria, también

---

[9] 1 Corintios 2:10-11.

[10] 1 Corintios 12:11 {RVR60}. Nota de los traductores: Debido a un error de referencia, el libro original dice 1 Corintios 12:1.

[11] Nota de los traductores: *entristecerse —O contristarse.*

el Espíritu los ama y lo demuestra en la santificación de ellos y en la aplicación de toda gracia a ellos. Por eso leemos acerca del amor del Espíritu en Romanos 15:30.

El Espíritu puede ser entristecido[12] por los pecados y la conducta impropia de los santos (Efe. 4:30). De hecho, es posible rebelarse contra Él y afligirlo, como hicieron los israelitas (Isa. 63:10). Nada de lo cual podría decirse de Él si no fuera una Persona. Es más, se dice que le han mentido (Hch. 5:3), que contra Él han blasfemado y se ha cometido un pecado imperdonable (Mat. 12:32-33); lo cual nunca podría suceder si no fuera una Persona, y, además, una Persona divina.

IV.3.B. El Espíritu Santo es una Persona distinta del Padre y del Hijo

Pero, en segundo lugar, debo demostrar que es una Persona distinta, tanto del Padre como del Hijo; y esto puede concluirse porque

IV.3.B.1. *Procede tanto del Padre como del Hijo*

Que procede del Padre es seguro, por tanto, debe ser distinto de Él: «Cuando venga el Consolador, a quien yo enviaré del Padre, es decir, el Espíritu de verdad que procede del Padre, Él dará testimonio de mí» —dice Cristo.[13] Hubo una vez una acalorada controversia entre las iglesias griegas y latinas sobre si el Espíritu procede tanto del Hijo como del Padre. Parece que debería ser así, ya que es llamado «el Espíritu de su Hijo»,[14] igual que del Padre; por lo tanto, el Espíritu debe ser distinto de Aquel de quien es.

---

[12] Nota de los traductores: *ser entristecido* —O *ser contristado*.

[13] Juan 25:26.

[14] Gálatas 4:6.

IV.3.B.2. *Es enviado a Su misión tanto por el Padre como por el Hijo*

Se dice que el Padre lo envía: «… el Consolador, el Espíritu Santo, a quien el Padre enviará en mi nombre» —dice Cristo— «Él os enseñará todas las cosas…»;[15] y Cristo dice de Sí mismo: «… si no me voy, el Consolador no vendrá a vosotros; pero si me voy, os lo enviaré».[16] Ahora bien, así como el Espíritu debe ser una Persona y no un mero poder, atributo o cualidad, o no podría ser enviado, también debe ser una Persona distinta del Padre y del Hijo, por quienes es enviado.

IV.3.B.3. *Se dice que es otro Consolador*

«Y yo rogaré al Padre» —dice Cristo— «y Él os dará otro Consolador»;[17] es decir, *otro distinto de Mi Padre y de Mí*. El Padre de Cristo es un Consolador: Él es el «Dios de toda consolación, el cual nos consuela en toda tribulación nuestra»;[18] y Jesucristo es también un Consolador: /*Menajem*/ (Consolador) era uno de los Nombres del Mesías y era muy conocido entre los judíos.[19] Por eso se dice que el viejo Simeón esperaba la consolación de Israel, es decir, al Mesías, a quien los judíos esperaban como Consolador.[20] Ahora bien, el Espíritu Santo es otro Consolador, distinto del Padre y del Hijo; del Hijo que ora, y del Padre a quien se ora.

IV.3.B.4. *Por Sus claras apariciones*

La personalidad distinta del Espíritu puede argumentarse por Sus claras apariciones. Por ejemplo, en el bautismo de Cristo, cuando descendió como una paloma y se posó sobre Él; y se distingue

---

[15] Juan 14:26.
[16] Juan 16:7.
[17] Juan 14:16.
[18] 2 Corintios 1:3-4.
[19] *Talmud Sanhedrin*, fol. 98.2; Kimichi sobre Zacarías 3:8.
[20] Lucas 2:25.

manifiestamente del Padre, quien habló con una voz del cielo, y del Hijo, quien fue bautizado en el Jordán. También el día de Pentecostés cuando «se les aparecieron [es decir, a los apóstoles] lenguas como de fuego que [es decir, el Espíritu Santo en esta forma], repartiéndose, se posaron sobre cada uno de ellos. Todos fueron llenos del Espíritu Santo».[21] Ahora bien, «esto»[22] no era ni el Padre ni el Hijo, sino el Espíritu Santo como distinto de Ambos, porque Cristo «exaltado a la diestra de Dios, y habiendo recibido del Padre la promesa del Espíritu Santo, ha derramado esto» que en aquel momento fue visto y oído.

IV.3.B.5. Es descrito como una Persona distinta en la fórmula del bautismo, el cual es administrado «en el nombre del Padre y del Hijo y del Espíritu Santo»[23]

Ahora bien, si el Espíritu Santo fuera un mero poder, cualidad o atributo, y no una Persona divina distinta, nunca se lo pondría en pie de igualdad con el Padre y el Hijo. Es mencionado como distinto del Padre y del Verbo en el testimonio que se dice que los tres dan en el cielo.[24] Si no es una Persona distinta de Ellos, no puede haber tres que den testimonio (τρεῖς ὁι μαἰτυζοῦιτες [tres Testigos]), como se dice que son.

IV.3.C. El Espíritu Santo es una Persona divina

Pero, en tercer lugar, prosigo demostrando que el Espíritu Santo es una Persona divina o, en otras palabras, que es verdadera y propiamente Dios. La deidad del Espíritu Santo fue negada por los

---

[21] Hechos 2:3-4.
[22] Hechos 2:33.
[23] Mateo 28:19.
[24] 1 Juan 5:7.

macedonianos de antaño,[25] más tarde por los socinianos,[26] y generalmente por todos aquellos que se oponen a la divinidad propia del Hijo. Se puede concluir que el Espíritu Santo es verdadera y propiamente Dios.

IV.3.C.1. Por los Nombres divinos que se le dan

Es llamado Jehová, que es {un Nombre} incomunicable a cualquier criatura y es peculiar del Altísimo. Aquel a quien los israelitas tentaron en el desierto, a quien afligieron y contra quien se rebelaron era Jehová;[27] sin embargo, es cierto que este era el Espíritu Santo;[28] por lo tanto, debe ser Jehová; y si es así, entonces debe ser el Dios Altísimo. Fue Jehová el Señor Dios de Israel quien habló por boca de Sus santos profetas desde los tiempos antiguos.[29] Ahora bien, es evidente que fue el Espíritu Santo el que habló no solo por boca de David,[30] sino también por boca de todos los profetas, pues «los santos hombres de Dios hablaron siendo inspirados por el Espíritu Santo».[31] Se deduce, entonces, que debe ser Jehová el Señor Dios de Israel.

El apóstol Pablo declaró que el Señor, el Adonai, que dijo a Isaías: «¿A quién enviaré, y quién irá por nosotros?» y le dio la orden: «Ve, y di a este pueblo...»[32] es el Espíritu Santo.[33] La palabra griega Κύριος, que se traduce como *Jehová* y *Adonai*, se usa para hablar del

---

[25] Véase Agustín, *De Haeresibus ad Quodvultdeum liber unus*, sec. 52, véase también en griego. Epifanio los llama Πνευματόμαχοι (*oponentes a o luchadores contra*) el Espíritu (Agustín, *De Haeresibus ad Quodvultdeum liber unus*, sec. 74).

[26] *Cateches. Racov.*, cap. 1, p. 35, y cap. 6, p. 214. Véase Calovius, *Socinismus profligatus*, art. 3, controversias 1 y 2, pp. 219, 222; Stegmann, *Photinianismus*, polémica 6, pp. 65-66.

[27] Éxodo 17:7.

[28] Isaías 63:10, Hebreos 3:7-10.

[29] Lucas 1:68, 70.

[30] Hechos 1:16.

[31] 2 Pedro 1:21 {RVR60}.

[32] Isaías 6:8-9.

[33] Hechos 28:25-26.

Espíritu Santo en el Nuevo Testamento. Es ese Espíritu al que se llama el Señor.[34] Es llamado «el Señor, el Espíritu».[35] Y es ese Señor el que se desea que dirija los corazones de los santos hacia el amor de Dios y la {paciente espera} de Cristo, donde se lo distingue explícitamente de Dios el Padre, hacia Cuyo amor se desea que dirija a los santos, y del Señor Jesucristo, hacia una paciente espera de quien también se desea que los dirija.[36]

De hecho, se le llama Dios en la Escritura. Cuando se dice que Ananías mintió al Espíritu Santo, se dice que no mintió a los hombres, sino a Dios.[37] Si mentir al Espíritu Santo es mentir a Dios, se deduce que el Espíritu Santo debe ser Dios.[38] Los santos son llamados el templo de Dios, pues el Espíritu de Dios habita en ellos; y porque sus cuerpos son los templos del Espíritu Santo, son exhortados a glorificar a Dios en sus cuerpos.[39] Ahora bien, si el Espíritu Santo no es Dios ni es llamado Dios en estos pasajes, no hay fuerza ni vigor en el razonamiento del apóstol. Además, cuando habla de la diversidad de dones, ministerios y operaciones, el apóstol dice que es el mismo Espíritu, el mismo Señor, el mismo Dios el que hace todas las cosas en todos, y aquí es evidente que habla únicamente del Espíritu Santo, a quien da estos Nombres divinos de Espíritu, Señor y Dios.[40]

---

[34] ὁ δὲ Κύριος τὸ Πνεῦμά ἐστιν (2 Cor. 3:17).

[35] ἀπὸ Κυρίου Πνεύματος (2 Cor. 3:18).

[36] 2 Tesalonicenses 3:5. Nota de los traductores: Llaves añadidas para lograr mayor equivalencia con la versión en inglés (KJV) citada por el autor.

[37] Hechos 5:3-4.

[38] Si enim qui domino mentitur, mentitur Spiritui Sancto & qui Spiritui Sancto mentitur, mentitur Deo: Nulli dubium est, consortium Spiritus Sancti esse cum Deo (Dídimo, *De Spiritu Sancto*, Libro 1; Jerónimo, *Inter Hieronymi opera* {trad. no oficial: *Obras completas de Jerónimo*}, Tomo 9, p. 178, col. 4).

[39] 1 Corintios 3:16; 6:19-20.

[40] 1 Corintios 12:4-6.

IV.3.C.2. *Por las perfecciones divinas que posee*

La deidad propia del Espíritu puede deducirse de las perfecciones divinas que posee, como son: la eternidad, la omnipresencia, la omnisciencia y la omnipotencia.

Se le atribuye eternidad. Es llamado el Espíritu eterno.[41] Participó en la Creación de todas las cosas y, por tanto, debe existir antes de que existiera criatura alguna, antes de que existiera el mundo, por ende, desde la eternidad. Así como Dios nunca existió sin Su Hijo, tampoco existió sin Su Espíritu. En cuanto a los pasajes que dicen que el Espíritu Santo aún no estaba y había algunos que ni siquiera habían oído que existiera el Espíritu Santo, debe entenderse que se refieren a la maravillosa efusión del Espíritu Santo sobre los discípulos el día de Pentecostés, que tuvo lugar después de la glorificación de Cristo, y de cuya dispensación los discípulos en Éfeso aún no habían oído hablar.[42]

Se le atribuye inmensidad: «¿Adónde me iré de tu Espíritu» —dice el salmista— «o adónde huiré de tu presencia?».[43] Si no estuviera en todas partes, sería posible esconderse de Él y evitarlo. Y si está en todas partes, debe ser Dios. Los santos son Sus templos en los que Él habita, y habita en todos ellos, en todo tiempo y lugar; lo cual no podría hacer si no fuera inmenso y omnipresente.

La omnisciencia es una perfección divina que le pertenece. Él conoce todas las cosas, incluso las cosas profundas de Dios, Sus pensamientos, propósitos y consejos; lo cual no podría hacer si no fuera omnisciente. Tampoco podría enseñar a los santos todas las cosas, ni guiarlos a toda la verdad, ni interceder por ellos conforme a la voluntad de Dios, mucho menos predecir lo que habría de venir,

---

[41] Hebreos 9:14. Algunas copias dicen «el Espíritu Santo» (véase Grocio sobre Hebreos 9:14).

[42] Juan 7:39; Hechos 19:2.

[43] Salmos 139:7.

como lo hizo en el Antiguo Testamento, porque el Espíritu de Cristo dentro de los profetas predijo «los sufrimientos de Cristo y las glorias que seguirían».[44] Cristo prometió el Espíritu a Sus discípulos como Aquel que les haría saber lo que habría de venir, y así lo hizo.[45] Dio testimonio al apóstol Pablo en cada ciudad, diciendo que le esperaban cadenas y aflicciones.[46] También predijo por medio de Agabo que habría una gran hambre en toda la tierra. Y esto ocurrió durante el reinado de Claudio.[47]

La omnipotencia es otra perfección divina que le pertenece propiamente. Él es el poder del Altísimo y el dedo de Dios. Él obra todas las cosas conforme a Su voluntad. Su participación en la Creación, la formación de la naturaleza humana de Cristo en el seno de la virgen, y las muchas señales, prodigios y dones del Espíritu Santo proclaman a voz en cuello que Él es el Dios omnipotente. Ahora bien, si se le atribuyen las perfecciones peculiares de la Deidad, se deduce que el Espíritu Santo debe ser Dios.

IV.3.C.3. Por las obras divinas que ha hecho o en las que participa o ha participado

Pero que el Espíritu Santo debe ser Dios puede probarse, además, por las obras divinas que ha realizado o en las que participa o ha participado. La Creación es una obra del poder divino en la que el Espíritu participó juntamente con el Padre y el Hijo. Así como «[por] la palabra {o el Verbo} del SEÑOR fueron hechos los cielos», también «todo su ejército [fue hecho] por el aliento de su boca».[48] Dice que el Espíritu del Señor «adornó los cielos».[49] Fue Él quien se movió sobre

---

[44] 1 Pedro 1:11.
[45] Juan 16:13.
[46] Hechos 20:23.
[47] Hechos 11:28.
[48] Salmos 33:6.
[49] Job 26:13 {RVR60}.

la superficie de las aguas y llevó el caos primitivo y agreste a una hermosa forma y orden.[50] Y dice Eliú: «El Espíritu de Dios me ha hecho, y el aliento del Todopoderoso me da vida».[51] La Escritura, que «es inspirada por Dios»[52] y es una obra puramente divina, fue compuesta en su totalidad por el Espíritu: «los santos hombres de Dios hablaron siendo inspirados por el Espíritu Santo».[53] Fue el Espíritu de Dios quien formó la naturaleza humana de Cristo en el seno de la virgen, cosa maravillosa y sorprendente, y la llenó de una plenitud de dones y gracias. Todos los milagros que hizo Cristo, los hizo por el Espíritu Santo; y todas las señales y prodigios poderosos que hicieron los apóstoles, fueron en el poder del Espíritu de Dios.[54] A Él se atribuye la obra de la regeneración y conversión, obra en la que se manifiesta la extraordinaria grandeza del poder de Dios; por eso es llamada «la obra santificadora del Espíritu» y «la renovación por el Espíritu Santo».[55] Es Él quien cualifica a los hombres para la obra del ministerio, los llama a esta, dirige sus labores y los nombra pastores y supervisores en cada iglesia.[56] No solo habita en las almas, sino también en los cuerpos mortales de los santos; y por él serán vivificados y resucitados en el día final.[57] Todo lo cual demuestra suficientemente que el Espíritu Santo es verdadera y propiamente Dios.

IV.3.C.4. *Por la adoración divina que se le debe y como tal se le da*

Esta verdad recibirá mayor peso si consideramos la adoración divina que se le debe y como tal se le da. No solo es el Espíritu de gracia y de súplica para los santos que los ayuda en sus debilidades e intercede

---

[50] Génesis 1:2.

[51] Job 33:4.

[52] 2 Timoteo 3:16.

[53] 2 Pedro 1:21 {RVR60}.

[54] Mateo 12:28; Romanos 15:19.

[55] 1 Pedro 1:2; Tito 3:5.

[56] 1 Corintios 12:4-11; Hechos 13:2; 8:29; 16:6-7; 20:28.

[57] Romanos 8:11.

por ellos conforme a la voluntad de Dios, sino que también se ora a Él.[58] Se desea gracia y paz para ellos tanto de Él como de las otras dos Personas. Jurar, que es un acto solemne de adoración religiosa, es algo que se hace por medio de Él;[59] y el bautismo es administrado en Su Nombre; lo cual no sería posible si Él no fuera una Persona divina… verdadera y propiamente Dios.

---

[58] 2 Tesalonicenses 3:5; Apocalipsis 1:4.
[59] Romanos 9:1.

Conclusión

Para concluir, espero haber probado lo que me propuse: Que no hay más que un solo Dios, que hay una pluralidad en la Divinidad, que hay tres Personas divinas en Él, que el Padre es Dios, el Hijo es Dios y el Espíritu Santo es Dios, que son distintos en personalidad, {pero} es la misma sustancia, son iguales en poder y gloria. Concluiré todo con la siguiente doxología:

Al Padre, al Hijo y al Espíritu Santo, tres Personas, pero un solo Dios, sea todo honor, gloria y alabanza, ahora y por los siglos de los siglos. Amén.

FINIS

Legado Bautista Confesional, en cooperación con la *Sociedad Misionera HeartCry* y bajo la supervisión de un equipo editorial guiado por el Dr. Michael A. G. Haykin, presenta el *Proyecto John Gill*, cuyo propósito es poner a la disposición del mundo de habla hispana la vida y obra del Dr. Gill mediante la publicación de sus obras más significativas, entre las que se encuentran: *Un cuerpo completo de teología doctrinal y práctica*, sus tratados teológicos y sermones, y su comentario al Antiguo y Nuevo Testamento. Además, en este proyecto también se incluirá la publicación de tratados biográficos sobre la vida del Dr. Gill y artículos teológicos sobre su pensamiento.

La meta final de este proyecto es que la espléndida herencia del Dr. Gill sea transmitida como una parte importante del legado bautista confesional a la que tengan acceso pastores, estudiantes y teólogos en todo el mundo hispano.

Legado Bautista Confesional es una editorial que existe para darle la gloria a Dios poniendo al alcance de la iglesia de habla hispana escritos teológicos e históricos que proclaman la verdad de la Palabra de Dios desde la perspectiva bautista, que ha sido declarada en sus Confesiones de fe históricas; y contribuyendo al currículum de libros y lecturas requeridas para la preparación de pastores bautistas reformados de habla hispana y la edificación y estudios de los miembros de sus iglesias.

Con la compra de este libro estás contribuyendo con la formación teológica de un hombre de Dios en alguna parte de Latinoamérica al que podremos darle una copia gratuita de esta obra.